ほんものそっくり！ おみせやさん

新装版 おりがみで
ごっこあそび

いしかわ☆まりこ

主婦の友社

はじめ

おりがみでかんたんに
おみせやさんになれるよ★

このほんには、おりがみでかんたんにつくれる
おみせやさんグッズが、いっぱいのっています。

おりがみをおったり、きったり、ちぎったり、まるめたり、
いろんなやりかたをしょうかいしています。

たのしくつくって、
おともだちやおうちのひとといっしょに
おみせやさんごっこをしてあそんでね！

いしかわ☆まりこ

大人のかたへ

●はさみやシュレッダー、竹ぐしなど、切れるものやとがったものを使うときは、
子どもから目を離さないようご注意ください。
●子どもが材料や作品を口に入れたり、飲み込んだりしないよう、十分ご注意ください。
●ティッシュやキッチンペーパーなどは、丸め方によって使う分量が変わってきます。
そのときどきで調整してあげてください。

もくじ

1 みんなだいすき！
スイーツショップごっこ

② みんなおいしい！
たべものやさんごっこ

3 みんなのなりたい
おみせやさんごっこ

ほんのなかの ★ マーク のせつめい

たとえば、これの つくりかたは、 おなじ「★2」が ついている つくりかたの ところをみてね

おおきいしゃしんのなかでは、★とすうじ（1、2、3など）が それぞれのさくひんについています

★2のつくりかたは これだよ！

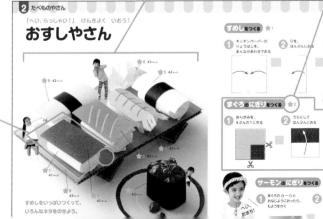

よくつかうざいりょうとどうぐ

おりがみ

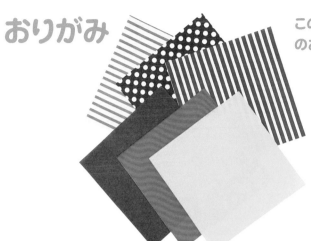

このほんでは、たて15センチ・よこ15センチのおりがみをつかうよ。

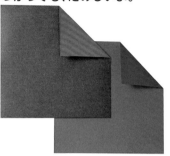

もようがついたおりがみや、うらにもいろがついたおりがみをつかっても、たのしいよ。

すてないでとっておくざいりょう

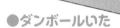

●トイレットペーパーのしん
ざいりょうにも、どうぐにもなって、べんりだよ。

●ペットボトルのキャップ
いろのついたふたなら、そのままでもつかえるよ。

●ダンボールいた
ダンボールばこを、きってつくれるよ。きるときは、おとなのひとに、やってもらおう。

●あつがみ
おかしやティッシュのあきばこや、おりがみのふくろにはいっている、だいしもつかえるよ。

●たけぐし
さきがとがっているので、ちゅういしてつかおう。

●ストロー
いろんなふとさやながさの、ストローをあつめてみよう。

●ぎゅうにゅうパック
ジュースやおちゃのパックでもいいよ。よくあらって、つかおう。

●こうさくようし
めもりがついているから、サイズがすぐにわかるよ。

みぢかなざいりょう

ちいさめ

5センチ　8センチ

●かみコップ
たかさ5センチのちいさいサイズと、
たかさ8センチの
ふつうのサイズをつかうよ。

●キッチンペーパー
ひょうめんのボコボコが、
ごはんみたい。
おすしをつくるときに、
いっぱいつかうよ。

●ティッシュ
ホイップクリームになったり、
アイスのなかみになったり、
だいかつやくするよ。

こうさくのどうぐ

●セロハンテープ
おりがみや、
いろんなざいりょうを
くっつけるためにつかうよ。

●はさみ
けがをしないように、
きをつけてつかってね。
じょうずにつかえないときは、
おとなのひとに、やってもらおう。

●のり
スティックのりが、
かわきやすくてべんり。
ほかののりをつかうときは、
うすくぬろう。

●りょうめんテープ
すぐに、つよく
くっつけたいときにつかうよ。

●ペン、クレヨン
おりがみにもようをかくときに、つかうよ。
まわりをよごさないようにきをつけてね。
いろえんぴつでもいいよ。

●けいりょうスプーン
まるいかたちをつくるときに、
べんり。まるっこい、
ふかいかたちのものを、えらぼう。

このほんでの**つくりかた**

【 おる 】

やじるしのむきに、おる

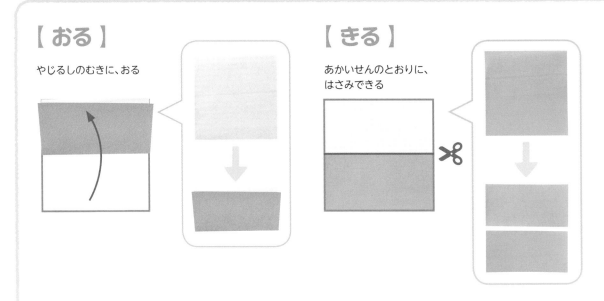

【 きる 】

あかいせんのとおりに、
はさみできる

おりがみをきってサイズをかえる

たて15センチ・よこ15センチの
おりがみを、きってつかうよ

【 2ぶんの1にきる 】

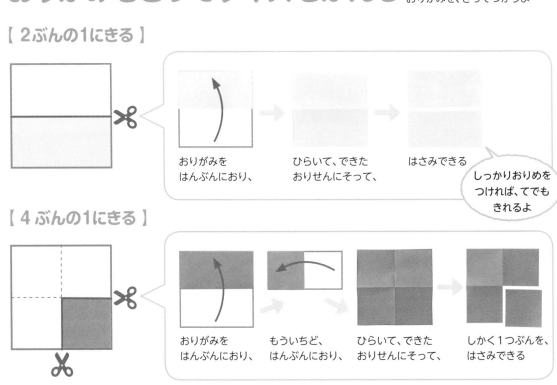

おりがみを
はんぶんにおり、

ひらいて、できた
おりせんにそって、

はさみできる

しっかりおりめを
つければ、てでも
きれるよ

【 4ぶんの1にきる 】

おりがみを
はんぶんにおり、

もういちど、
はんぶんにおり、

ひらいて、できた
おりせんにそって、

しかく1つぶんを、
はさみできる

【 くしゃくしゃにする 】

きれいなおりがみを、

 てで、くしゃくしゃにつぶし、

やぶれないように、ひらく

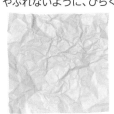

【 わっかにする 】

おりがみの、はしとはしを、

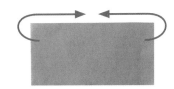

すこしかさねて、
わっかのかたちにして、
のりやセロハンテープで
とめる

【 16 ぶんの1にきる 】

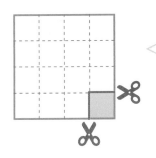

おりがみを
はんぶんにおり、

もういちど、
はんぶんにおり、

もういちど、
はんぶんに
おり、

もういちど、
はんぶんに
おり、

ひらいて、
できたおりせん
にそって、

しかく1つぶんを、
はさみできる

【 ず（しゃしん）のようにきる 】

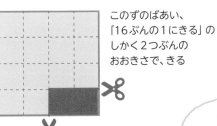

このずのばあい、
「16ぶんの1にきる」の
しかく2つぶんの
おおきさで、きる

これは
おなじながさ（ふとさ）
にするマーク

【 4 ぶんの1をきりはなす 】

ほそながくなるよう、
2かいおってひらき、
そのうち1つのしかく
（ながしかく）を
きりはなす

つくりかたのヒント

ほそくきる

せんぎりキャベツやうどんをつくるときに、かみをほそくきるコツだよ。

【 はさみできる 】

① かみをほそくまるめる。

② そのままほそくきり、ひらくと、ほそながくきれてるよ。

【 シュレッダーできる 】

かみをいれ、ハンドルをまわすと……。

かんたんに、ほそいかみがたくさんでるよ。

※ほそくきれず、こなごなになってしまうシュレッダーもあります。

ギザギザにきる

【 ピンキングばさみをつかう 】

きったところが、なみのようになったり、ギザギザになったりするはさみがあるよ。

ギザギザのサイズは、はさみによってちがうよ。

おなじかたちをたくさんつくる

【 パンチをつかう 】

かみに、あなをあけるどうぐ。ほしやハート、いろんなかたちができるよ。つくったものに、のりではりつけよう。

パンチのよこから、かみをいれて、うえからおす。

たくさんのほしができたね。

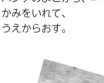

1

みんなだいすき!

スイーツショップ

ごっこ

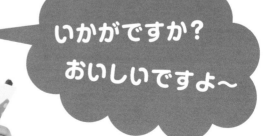

いかがですか?
おいしいですよ〜

カラフルでポップな　あめがかわいい！

キャンディーやさん

いろとりどりの
キャンディーは、
みてるだけでも
たのしくなっちゃう。
いっぱいつくってあそんでね。

あめをつくる ★1

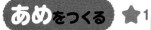

1 おりがみを
4ぶんの1にきる

2 ティッシュを
まるめて、うらにした
おりがみにのせる

3

うえと
したから、
おりがみをまいて
ティッシュを
つつむ

4 やじるしのぶぶんを
つまむ

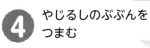

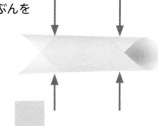

5 つまんだところを
ひねる

6 かたちをととのえて、
できあがり

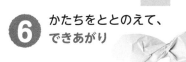

キャンディーをつくる ★2

1 おりがみを
4ぶんの1に
きる

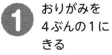
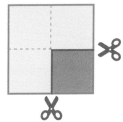

2 ダンボールいたをまるくきり、
うらにしたおりがみにのせる

5センチ

3 おりがみでつつむ

4 ストローを
セロハンテープ
でとめる

5

おもてがわに
もようをかいて、
できあがり

あま～いかおりが　してきそう！

クレープやさん

クレープきじとトッピングは、べつべつにつくるよ。
すきなものをいれて、
いろんなクレープをならべてみよう。

⭐ 1 16ページ

⭐ 2 19ページ

⭐ 4 19ページ

⭐ 3 19ページ

⭐ 5 18ページ

クレープきじをつくる

1 おりがみをうらにして、
はんぶんにおる

2 もういちど
はんぶんにおる

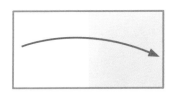

いちご
クレープが
おすすめ!

3 さんかくに、
はんぶんにおる

クレープきじ
を、たくさん
つくろう

4 しゃしんのように、まるくなるようにきる

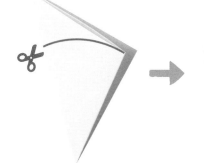

5 ひろげて、
できあがり

いちごクレープ をつくる ★1

ホイップクリーム

1 ティッシュを
はんぶんにおる

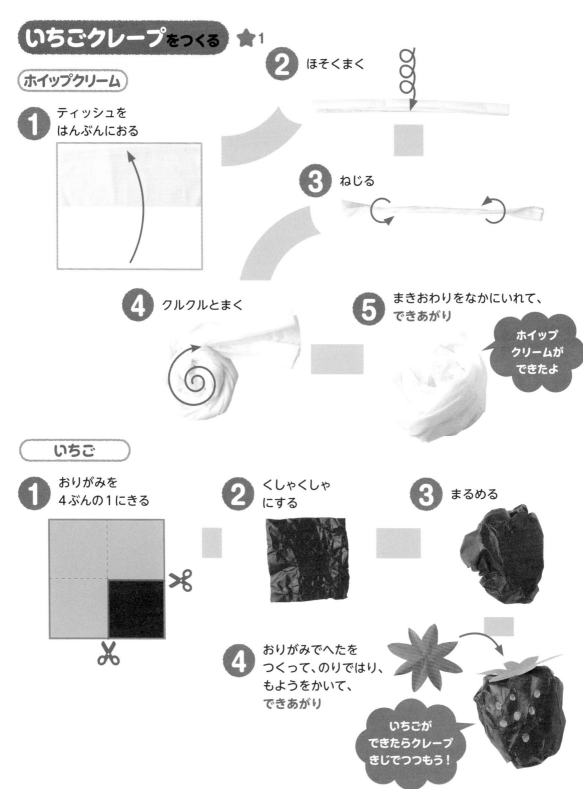

2 ほそくまく

3 ねじる

4 クルクルとまく

5 まきおわりをなかにいれて、
できあがり

> ホイップ
> クリームが
> できたよ

いちご

1 おりがみを
4ぶんの1にきる

2 くしゃくしゃ
にする

3 まるめる

4 おりがみでへたを
つくって、のりではり、
もようをかいて、
できあがり

> いちごが
> できたらクレープ
> きじでつつもう！

クレープをしあげる

ここに
のせてね

① いちごとホイップクリームを、
うらにしたクレープきじ
(15ページ) に
のせる

② はんぶんに
おる

③ クレープきじを
さんかくにたたんで、
なかみをつつむ

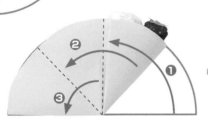

④ 4ぶんの1にきったおりがみを、しゃしんのようにまく

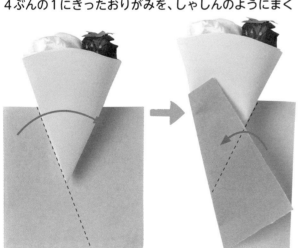

⑤ さいごまでまいたら、
できあがり

おいしそうに
できたかな？

いろんな**トッピング**をつくる

キウイ

1 おりがみに
もようをかく

いちご（16ページ）
ぐらいのサイズに
かこう

2 ダンボールいたに
のりではる

3 きりとって、
できあがり

アーモンド

おりがみに
もようをかいて、
きりとる

バナナ

キウイと
おなじやりかたで
つくれるよ！

チョコレート

ブルーベリー

1 おりがみを
16ぶんの1にきる

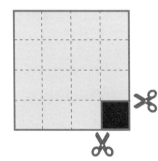

2 いくつか
ちいさくまるめて、
できあがり

クレープをならべるだいをつくろう ★5

1 トイレットペーパーのしんのりょうはしから、
4センチくらい、はさみできりこみをいれ、

4センチ
4センチ

2 おりがみを
まき、

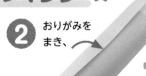

3 りょうはしを
なかにいれる

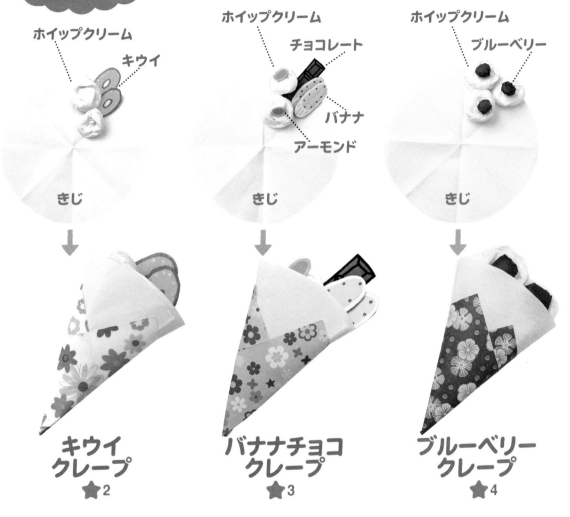

3つのクレープをつくってみよう!

たくさんトッピングができたら、くみあわせてクレープをつくろう!

● トッピング ● 3つのクレープ

ホイップクリーム
キウイ
きじ

ホイップクリーム
チョコレート
バナナ
アーモンド
きじ

ホイップクリーム
ブルーベリー
きじ

キウイ
クレープ
★2

バナナチョコ
クレープ
★3

ブルーベリー
クレープ
★4

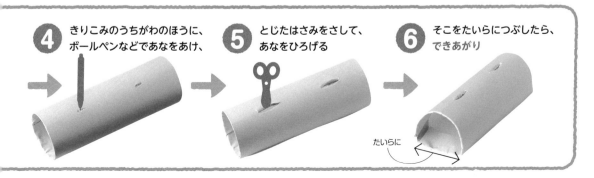

4 きりこみのうちがわのほうに、ボールペンなどであなをあけ、

5 とじたはさみをさして、あなをひろげる

6 そこをたいらにつぶしたら、できあがり

たいらに

カップとコーン、どっちにする?
アイスクリームやさん

★ 5　23ページ

★ 2　22ページ

★ 3　22ページ

★ 6
23ページ

★ 4
22ページ

★ 1
22ページ

まるでほんもののアイスクリームやさんみたい!
2だんや3だんがさねに
チャレンジするのも、たのしいね。

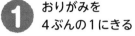

アイスクリームをつくる

1 おりがみを
4ぶんの1にきる

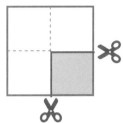

2 けいりょうスプーンに、
うらにしたおりがみを
いれる

3 ティッシュをつめる

5 けいりょうスプーンからだして、
できあがり

> ドームがたの
> アイスクリーム
> だよ!

4 おりがみでティッシュをつつみ、
セロハンテープでとめる

まるいアイスクリームをつくろう!

1 ドームがたのアイスクリーム
を2つつくる

2 たいらな
めんをあわせる

> きれいな
> まるに
> なったかな?

3のかみ

3 おりがみをほそくきり、うらがわに
りょうめんテープをつける

4 2つのアイスクリームをあわせた
ところに、**3**のほそいおりがみをまいて、
できあがり

カップをつくる 1

1 かみコップのふちからきりこみをいれて、したのほうをぐるっときる。ふちもきりとる

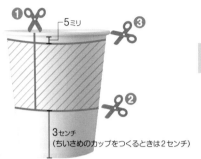

5ミリ

3センチ
（ちいさめのカップをつくるときは2センチ）

> ちいさめのカップをつくるときには、かみコップもちいさいサイズをつかおう

2 きりとったふちを、したのカップにはめる

1のうえ

1のした

3 あまったふちをきりとって、できあがり

> ドームがたのアイスクリームをいれてもいいね

デコレーションしよう！

パンチでぬいたり、きったおりがみをのりではってかざろう！

ブルーベリー
2

おりがみにもようをかいてからつくってもいいよ

ストロベリー
3

スプーンをかえてみよう

つかうけいりょうスプーンのおおきさをかえると、いろんなサイズのアイスクリームがつくれるよ

ミニストロベリー
4

ちいさい　　　おおきい

 **コーン**をつくる ⭐5

① おりがみをうらにして、
はんぶんにおる

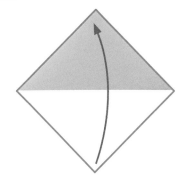

② もういちど
はんぶんにおる

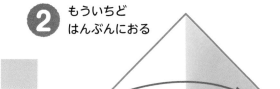

③ もようをかく

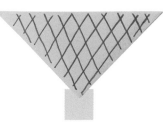

④ ③をくるりとまき、あまったぶぶんを
うちがわにおりこんで、できあがり

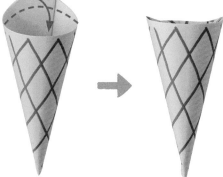

> コーンには、
> まるい
> アイスクリームが
> ぴったり！

コーンのだいをつくろう ⭐6

① かみコップのたかさを、
はんぶんくらいにきる

✂❷

✂❶

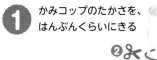

② ボールペンなどのさきで、
あなをあける

③ あなをひろげれば、
できあがり

カラフルないろと、まるいかたちがかわいい

マカロンやさん

ティッシュのクリームをはさんだ
ギザギザのおりがみが、
ほんものそっくりにつくるポイント。

マカロンをつくる

1 おりがみを
4ぶんの1にきる

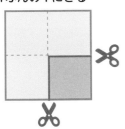

2 ペットボトルの
キャップに、
うらにした
おりがみをいれる

4 おりがみで
ティッシュをつつみ、
キャップからとりだす

3 ティッシュをつめる

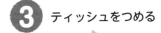

こっそり
たべちゃお!

5 おりがみを
16ぶんの1にきる

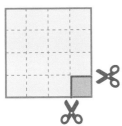

6 うらにして、
はんぶんにおる

7 もういちど
はんぶんにおる

8 さんかくに、
はんぶんにおる

★

つぎのページへ

まえのページから **9** むきをかえて、ピンキングばさみで、しゃしんのようにきって、ひろげる

したも
かさねて
きる

25ページで
★マークが
ついていた
かど

10 ④を2こ、⑨を2まいつくり、それぞれをのりではりあわせる

ほかの
いろや、もようの
おりがみでも、
つくってみよう

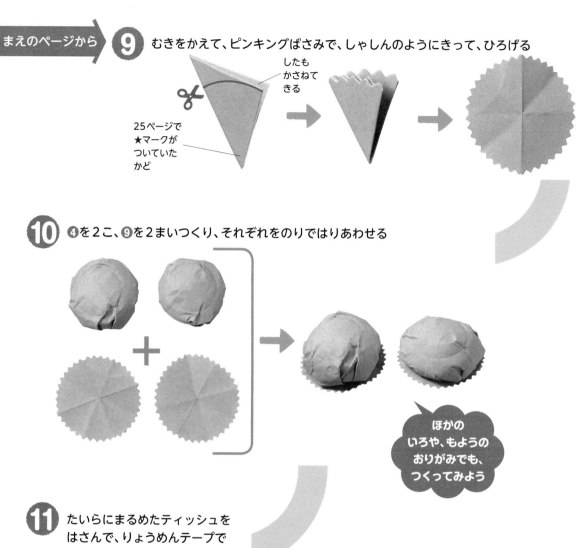

11 たいらにまるめたティッシュを
はさんで、りょうめんテープで
とめて、できあがり

サイズちがいにもチャレンジ

おおきなキャップや
けいりょうスプーンの
おおさじをつかうと、
おおきめのマカロンが
つくれるよ

26

ちょっとおとなっぽいスイーツはいかが?

チョコレートやさん

ペットボトルのキャップがチョコレートにへんしん!
かんたんなのに、みためはほんものそっくり!

★2 のかざり

クリーム

1 ティッシュを
4ぶんの1に
きって、うすいかみ
どうしをはがして
1まいにする

2 ふんわり
ねじる

3 セロハンテープのうえで、
グルグルにまるめる

> ベタベタ
> くっつく
> めん

4 まわりのセロハン
テープをきったら、
できあがり

チョコレートをつくる ★1

2 ペットボトルのキャップを、
うらにしたおりがみに
のせて、つつむ

1 おりがみを
4ぶんの1にきる

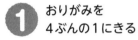

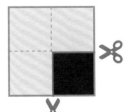

3 おりがみで
かざりを
つくり、
のりではって
できあがり

> パンチ(10ページ)
> でつくるのが
> おすすめ

チョコのぼう

1 おりがみのはしを、
ほそくちぎる

2 つまようじに
まきつける

3 つまようじを
ぬいたら
できあがり

いくつでもたべられそうなミニサイズ

ドーナツやさん

おりがみを、うえから
「くしゅっ」とつぶすつくりかたが、
たのしいよ。

ドーナツをつくる

① おりがみを
2ぶんの1にきる

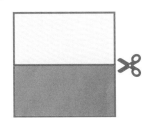

② わっかにして、
のりでとめる

トイレット
ペーパーの
しんをつかうと、
つぶしやすいよ!

③ のりがかわいたら
うえからつぶし、
かたちをととのえて、
できあがり

プレーンの
ドーナツが
できたね

いろんなドーナツをつくろう

しまもよう

❶ で、もようをかいてから、
つくる

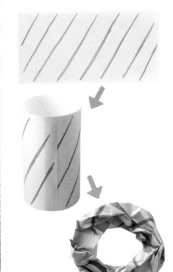

2つのいろ

いろちがいのおりがみを
それぞれ4ぶんの1にきり、
のりではりあわせてつくる

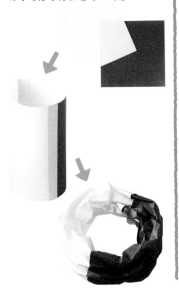

クリームがけ

おりがみを4ぶんの1にきり、
2かいはんぶんにおる。
しゃしんのようにきってから、
ひろげて、ドーナツのうえにはる

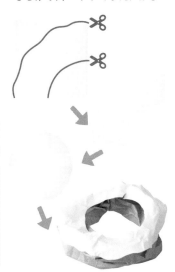

まちがえて、たべちゃいそう!

クッキーやさん

あったらいいな〜とおもうクッキーをつくっちゃおう!
はなやくまさんのクッキーも
たのしいね。

クッキーをつくる

1 4ぶんの1にきった
おりがみを、
2まいつくる

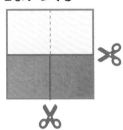

2 ダンボールいたを、
おりがみと
おなじおおきさにきる

3 ダンボールいたの
おもてとうらに、
おりがみをのりではる

4 クッキーの
かたちにきる

ピンキング
ばさみできるのも
いいね

5 もようをかいて、
できあがり

こげちゃいろや
クリームいろの
クッキーも
つくってみよう

クッキーのかたでつくってみよう

ほんものの
クッキーのかたをつかって、
いろんなかたちを
つくってみよう

くまやひと、
ハートやほしも
クッキーのかたで
つくったよ

きぶんは　あこがれのパティシエ！
ケーキやさん

2　35ページ

1　34ページ

4　36ページ

5　37ページ

6　38ページ

おかしをつくるパティシエは、みんなのあこがれ。
ほんものそっくりのおりがみケーキで、
れんしゅうしてみよう！

⭐3　36ページ

33

ショートケーキをつくる ★1

1 1リットルのぎゅうにゅうパックをつかうよ。1つのめんを、たてにほそながくきり、さんかくのかたちにおって、セロハンテープでとめる

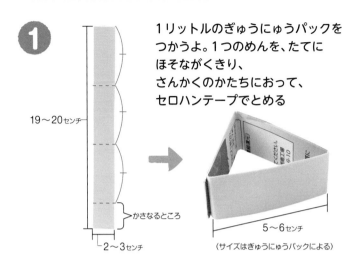

19〜20センチ

かさなるところ

2〜3センチ

5〜6センチ

（サイズはぎゅうにゅうパックによる）

2 おりがみをくしゃくしゃにする

やわらかくなるくらいまでもむといいよ

3 ❷のおりがみに❶のぎゅうにゅうパックをのせてつつむ

4 トッピングやかざりをつくり、のりではる

いちごとホイップクリームのつくりかたは16ページをみてね

おりがみを、ピンキングばさみで、ほそながくきる

5 かたちをととのえて、できあがり

いちばんにんきのケーキだよ

チョコケーキをつくる 2

① 1リットルのぎゅうにゅうパックを
つかいます。1つのめんを、たてに
ほそながくきり、
しかくいかたちにおって、
セロハンテープでとめる

19〜20センチ

かさなるところ

2〜3センチ

4〜5センチ

（サイズはぎゅうにゅうパックによる）

② くしゃくしゃにした
おりがみでつつむ

③ トッピングやかざりを
のりではって、
できあがり

ほかのいろでも
つくってみよう

チョコスティックをつくる

① おりがみを、
ずのようにきる

② ほそいストローに
まきつけて、のりでとめる

さきをちょっと
ずらすと、
ほんものみたい！

③ ストローをぬいて、
できあがり

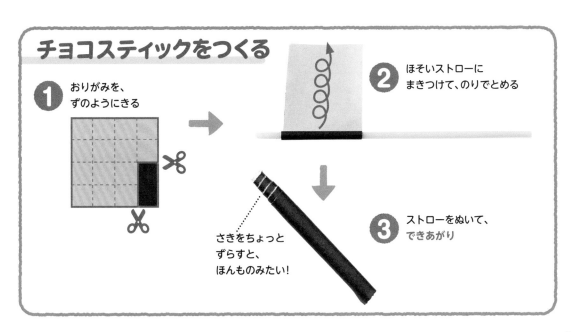

まるケーキをつくる

1 トイレットペーパーの
しんを、ぐるっときる

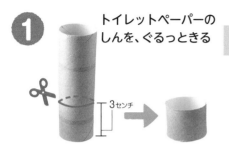

3センチ

2 おりがみで
1をつつむ

まるケーキの
どだいの
できあがり

ベリーのまるケーキ ★4

4 2かいはんぶんにおり、
しゃしんのようにきる

3 おりがみを
4ぶんの1にきる

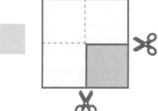

5 まるケーキのどだいに
4をひらいてのせ、のりではりつける

かざりをのりではって、
できあがり

はっぱ
ベリー

ホイップクリーム

ベリー

ティッシュを4ぶんの1にきって、うすいかみ
どうしをはがして1まいにしてまるめる。4ぶん
の1にきったおりがみでつつんで、4つつくる

ホイップクリーム

16ページのホイップクリーム
とおなじようにつくる

はっぱ

はっぱのかたちにきる

みかんのまるケーキ ★3

3 かざりをのりではって、
できあがり

はっぱ
ホイップクリーム
みかん

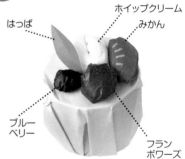

ブルー
ベリー

フラン
ボワーズ

みかん

ティッシュを4ぶんの1にきって、うすい
かみどうしをはがして1まいにしてまるめ
る。4ぶんの1にきったおりがみでつつん
で、もようをかく

フランボワーズ

4ぶんの1にきったおりがみを、まるめる

ブルーベリー

16ぶんの1にきったおりがみを、まるめる

ホイップクリーム

16ページのホイップクリームを、
ティシュをはんぶんのはばに、ほそ
くきってつくる

はっぱ

はっぱのかたちにきる

カップケーキをつくる ★5

1 トイレットペーパーの
しんを、ぐるっときる

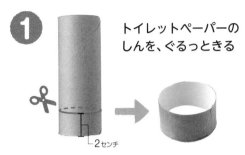

└2センチ

2 おりがみをほそくきり、
うえをピンキングばさみできる

2〜3センチ

トイレットペーパーのしんがかくれるおおきさに

3 ❶に❷をまいて、
セロハンテープでとめる

カップが
できたよ

4 おりがみを
くしゃくしゃにする

5 ティッシュをまるめて、
うらにしたおりがみに
のせる

8 かざりをのりではって、
カップにもようを
かいて、できあがり

おりがみを
ちいさくちぎって
かざりを
つくろう

6 おりがみでつつむ

7 ❸につめる

シュークリームをつくる ⭐6

1 おりがみを
くしゃくしゃにする

2 わっかにして、
のりでとめる

3 はんぶんにおってひらき、
おりせんをつける

4 ティッシュをたいらにまるめたものを2つつくり、
りょうがわからいれる

5 はしをたたんでとじる

さきに4つの
はしをおる

つぎに
りょうはしを
たたむ

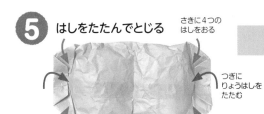

7 ティッシュをたいらにまるめ、
あいだにはさんで、りょうめんテープでとめる

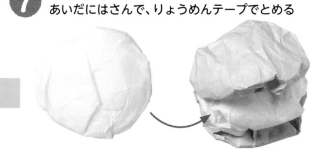

6 まんなかをつまみ、
はんぶんにたたむ

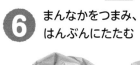

8 こんがりやけた
いろをぬって、
できあがり

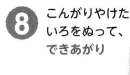

みんなおいしい!

たべものやさん

ごっこ

いらっしゃい
ませ!!

「へい、らっしゃい！」　げんきよく　いおう！

おすしやさん

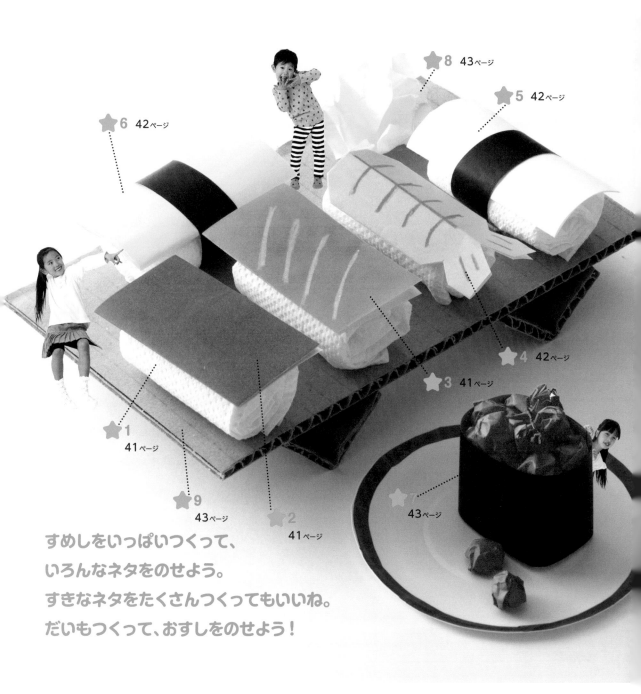

8　43ページ
5　42ページ
6　42ページ
4　42ページ
3　41ページ
1
41ページ
9
43ページ
2
41ページ
43ページ

すめしをいっぱいつくって、
いろんなネタをのせよう。
すきなネタをたくさんつくってもいいね。
だいもつくって、おすしをのせよう！

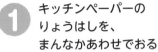 **すめし**をつくる ★1

1 キッチンペーパーの
りょうはしを、
まんなかあわせでおる

2 ①を、
はんぶんにおる

3 はしから、ふんわりまいて、
セロハンテープでとめれば、
できあがり

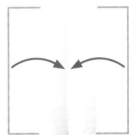

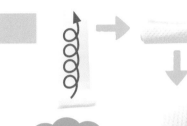

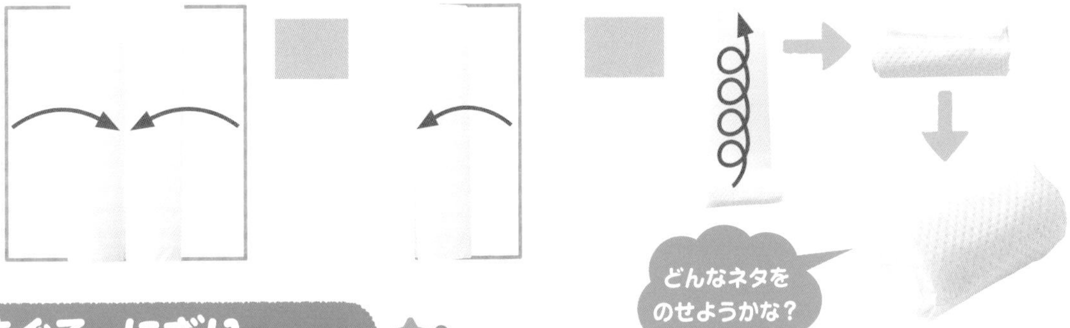

> どんなネタを
> のせようかな？

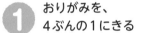 **まぐろ**の**にぎり**をつくる ★2

1 おりがみを、
4ぶんの1にきる

2 うらにして
はんぶんにおる

3 すめしに、
わっかにしたセロハン
テープをつけて、②を
はれば、できあがり

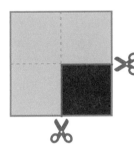

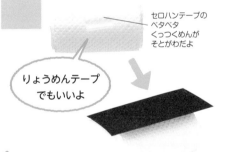

セロハンテープの
ベタベタ
くっつくめんが
そとがわだよ

> りょうめんテープ
> でもいいよ

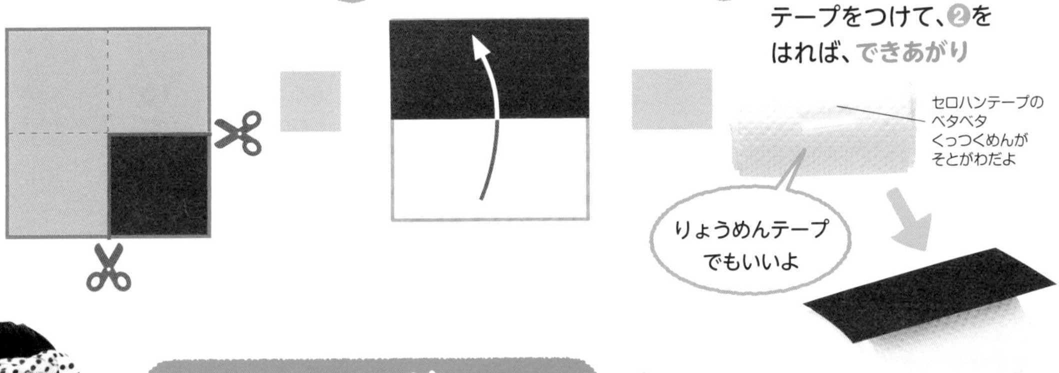

サーモンの**にぎり**をつくる ★3

1 まぐろの①～②と
おなじようにおったら、
もようをかく

2 まぐろとおなじように
すめしに①をはれば、
できあがり

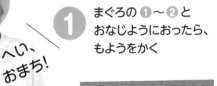

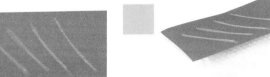

へい、
おまち！

> みんなが
> だいすきな
> まぐろだよ

> サーモンも
> おいしそう！

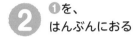

おすしやさん

● すめし　● まぐろ　● サーモン

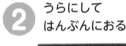

41

えびの にぎりをつくる ★4

1 まぐろ（41ページ）の❶〜❷とおなじようにおったら、もういちどはんぶんにおる

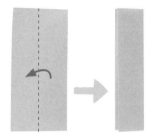

2 しゃしんのように、はさみできる

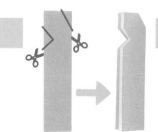

3 ❷をひらき、したのかどをすこしおり、もようをかく

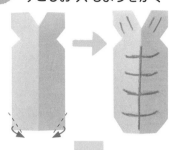

4 まぐろとおなじようにすめしに❸をはれば、できあがり

> きれいなかたちにできたかな

いかの にぎりをつくる ★5

1 おりがみを、8ぶんの1のふとさにきる

> のりをつくるよ

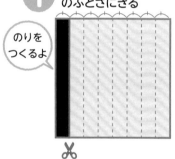

2 まぐろの❶〜❷とおなじようにして、いかをつくる。すめしにのせて、のりでまく

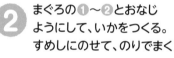

3 のりのあまったところをきり、セロハンテープでとめれば、できあがり

> こうきゅうな、おすしにみえる！

たまごの にぎりをつくる ★6

1 おりがみをはんぶんにおる

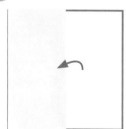

2 3かいまくようにおり、セロハンテープでとめる

3 いかの❶とおなじように、のりをつくる。すめしに❷をのせて、のりでまけば、できあがり

> ふんわりたまごが、おいしそう！

いくらのぐんかんまきをつくる ★7

1 すめしはちいさくつくる。すめしの つくりかた（41ページ）の**1**の あと、ふとさを3つおりにしてから、 まるめて つくる

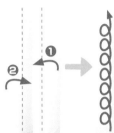

2 おりがみを、 4ぶんの1の ふとさにきる

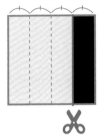

3 **1**のすめしのまわりを、 **2**ののりでまき、 セロハンテープでとめる

4 おりがみを、 16ぶんの1に きり、ちいさく まるめていくらを つくる

5 **3**に**4**をのせれば、 できあがり

ころころ、 こぼれるぐらい つくってね

ガリをつくる ★8

1 おりがみを、 3〜4つにちぎる

2 くしゃっとつぶ せば、できあがり

すしだいをつくる ★9

1 ダンボールいたを、 しゃしんのようにきり、 2つの**イ**に、はんぶんの おりせんをつける

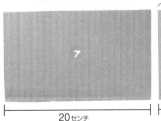
ア

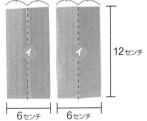
イ イ

12センチ

20センチ 6センチ 6センチ

2 **ア**のはしに**イ**をそろえておき、 うちがわをセロハンテープで とめる

3 **イ**をすこしおり、セロハンテープで とめれば、できあがり

うらがえして、 おすしを のせよう！

43

だいすきなおかずを　くみあわせてつくろう！

おべんとうやさん

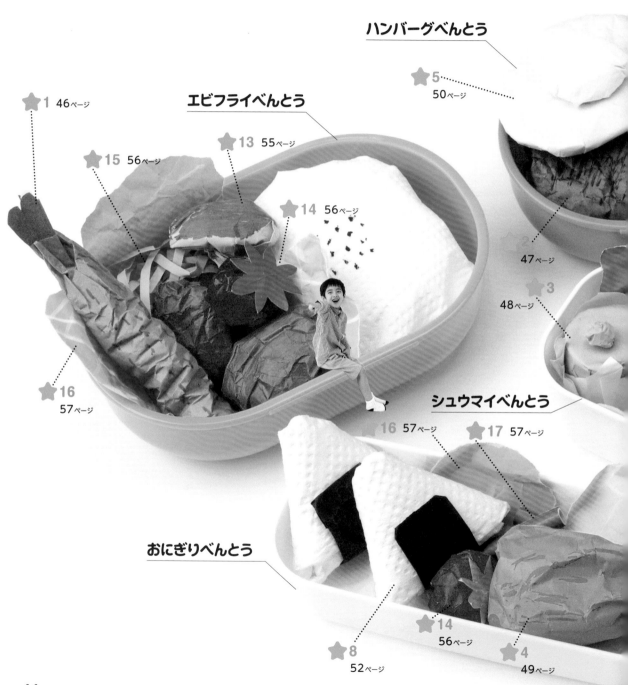

ハンバーグべんとう

⭐ 5 50ページ

⭐ 1 46ページ

エビフライべんとう

⭐ 15 56ページ

⭐ 13 55ページ

⭐ 14 56ページ

⭐ 2 47ページ

⭐ 3 48ページ

⭐ 16 57ページ

シュウマイべんとう

⭐ 16 57ページ

⭐ 17 57ページ

おにぎりべんとう

⭐ 8 52ページ

⭐ 14 56ページ

⭐ 4 49ページ

★ 15　56ページ

★ 16　57ページ

★ 9　53ページ

★ 16　57ページ

★ 11　54ページ

いなりずしべんとう

★ 12　55ページ

★ 7　51ページ

★ 16　57ページ

★ 10　53ページ

★ 6　51ページ

★ 15　56ページ

みんなのだいすきなおべんとうを、
おりがみでつくっちゃおう！
てんきのいいひは、こうえんで
「いただきま〜す！」。
おともだちが、
ほんものとまちがえちゃうかもね。

エビフライをつくる  ⭐1

1 おりがみを
2ぶんの1にきる

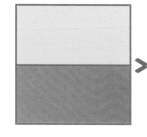 ✂

2 くしゃくしゃにする

3 ティッシュを
ほそながくたたむ

おりがみの
はんぶんくらいの
ながさにする

5 ティッシュをおりがみでまき、
のりでとめる

4 うらにした **2** のおりがみにのせる

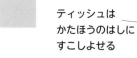

ティッシュは
かたほうのはしに
すこしよせる

6 ティッシュがあるほうを、
うちがわにおりこむ

8 おりがみをしっぽのかたちにきり、
さきにのりでつける

7 はんたいがわをつまみ、きる

 ✂

9 かたちをととのえ、
もようをかいて、
できあがり

カリッと
おいしそう

ハンバーグをつくる 2

1 おりがみを
くしゃくしゃにする

2 おりがみをうらにして、まわりのかどをきりおとす。
たいらにまるめたティッシュを、おりがみにのせる

3 ティッシュをつつみ、
セロハンテープでとめる

4 うらがえし、いろをぬって、
できあがり

こげめはしわの
ところにちょっと
いろをつけると
おいしそう

47

シュウマイをつくる ★3

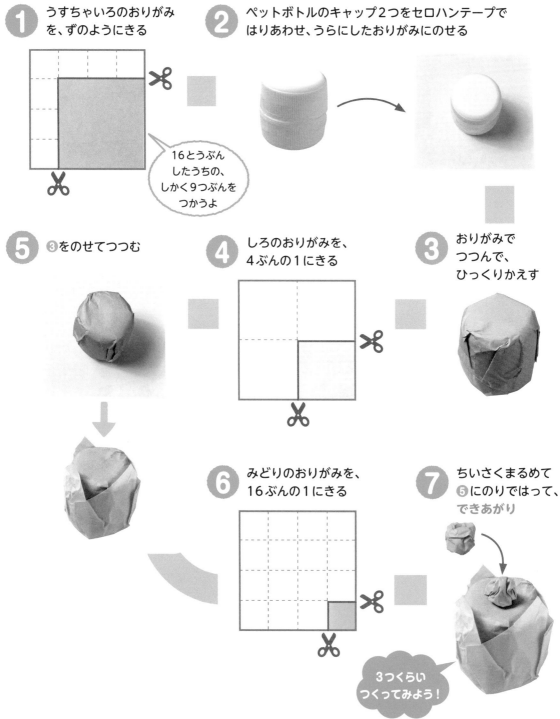

1 うすちゃいろのおりがみを、ずのようにきる

16とうぶんしたうちの、しかく9つぶんをつかうよ

2 ペットボトルのキャップ2つをセロハンテープではりあわせ、うらにしたおりがみにのせる

3 おりがみでつつんで、ひっくりかえす

4 しろのおりがみを、4ぶんの1にきる

5 ❸をのせてつつむ

6 みどりのおりがみを、16ぶんの1にきる

7 ちいさくまるめて❺にのりではって、できあがり

3つくらいつくってみよう！

フライドチキンをつくる ★4

1 オレンジの
おりがみを、
くしゃくしゃにする

2 ティッシュをまるめて、
うらにしたおりがみにのせる

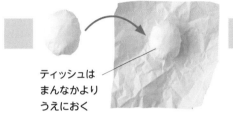

ティッシュは
まんなかより
うえにおく

3 うえをおる

7 かたちを
ととのえる

6 うえをうちがわ
におりこんで
まるくする

5 やじるしの
ぶぶんを
つぶす

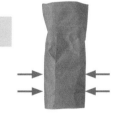

4 りょうがわから
ティッシュをつつみ、
のりでとめる

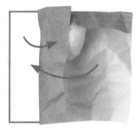

8 しろのおりがみを、
4ぶんの1にきる

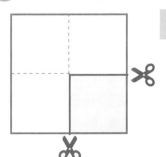

9 はんぶんにおる

10 はさみでほそく
きりこみをいれる

11 **7**にまいて
セロハンテープでとめ、
やいたようないろをぬって、
できあがり

めだまやきをつくる ★5

1 しろのおりがみを、
くしゃくしゃにする

2 おりがみをうらにして、まわりのかどをきりおとす。
ながまるにきったダンボールいたを、おりがみのうえにのせる

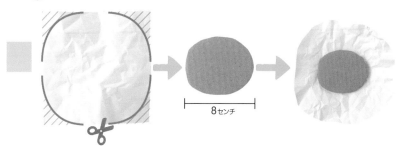

8センチ

5 ティッシュを
たいらにまるめる

4 きいろのおりがみを、
4ぶんの1にきる

3 ダンボールいたをつつみ、
セロハンテープでとめる

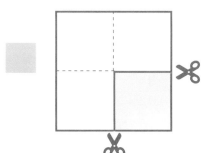

6 **5**を**4**でつつむ。りょうめんテープで、
うらがえした**3**につける

7 かたちをととのえて、
できあがり

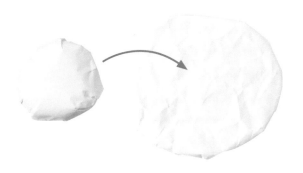

ふっくら
おいしそう

ウインナーをつくる ★6

1 おりがみを
4ぶんの1にきる

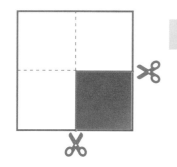

2 わっかにして、
のりでとめる

3 ティッシュをつめる

4 はしをしぼって
とじる

5 はんたいがわも
しぼってとじる

6 もようをかいて、
できあがり

タコさんウインナーもつくれるよ

★7

1 ④のとじてないほうに、
はさみできりこみをいれる

2 かたちをととのえ、
かおをかいて、
できあがり

タコさん
ウインナーは
おべんとうの
にんきもの！

おにぎり をつくる ⭐8

1 キッチンペーパーを
はんぶんにおる

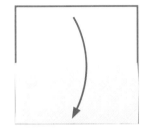

2 しゃしんのように、ほそながくおる

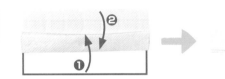

4 はしをうちがわに
おりこんで、
さんかくのおにぎりの
かたちにする

3 さんかくになるように、
はしからおる

5 おりがみを
ずのようにきる

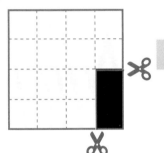

6 くしゃくしゃに
する

7 うらにして、
まわりをおる

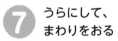

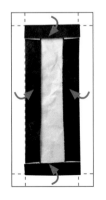

8 りょうめんテープで**4**につけて、
できあがり

おにぎりの
なかみは
なにかな?

チキンライスをつくる ★9

① おりがみに
もようをかく

② はんぶんにきった
かみコップに、
①をうらにして
いれる

③ ティッシュを
つめる

④ おりがみでつつみ、
セロハンテープで
とめる

⑤ かみコップから
とりだして、
できあがり

いなりずしをつくる ★10

①

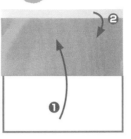

おりがみをうらにし、
うえをすこしのこして
おる。のこしたうえを
おって、のりでとめる

② はんぶんに
きる

③ かたほうのはしを
おって、
セロハンテープで
とめ、ティッシュを
つめる

④ はんたいがわも
おって、
セロハンテープで
とめる

⑤ かたちを
ととのえて、
できあがり

のりまきをつくる ⭐11

1 あかのおりがみを、2ぶんの1にきる

2 うらにして、2かいはんぶんにおる

3 くろのおりがみを、4ぶんの1のふとさにきる

のりだよ

5 はしをすこしおり、しゃしんのように **2** をのせる

4 キッチンペーパーを **3** のふとさにあわせておる

6 キッチンペーパーをすこしまき、あかのおりがみをしゃしんのようにおる

こことここをそろえておる

すこしはみでる

7 キッチンペーパーをさいごまでまき、セロハンテープでとめる

8 **3** でまいて、のりでとめる

9 かたちをととのえて、できあがり

カッパまきは、みどりのおりがみでつくろう

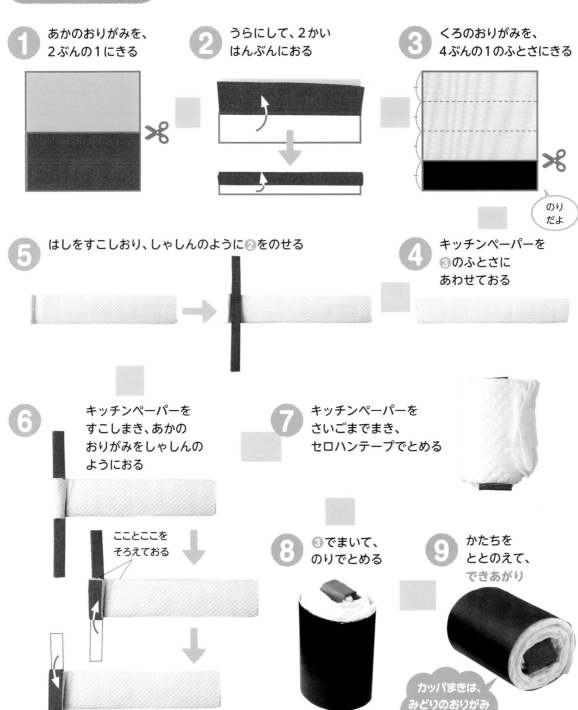

ブロッコリーをつくる 12

1 おりがみに
もようをかく

2 ティッシュを
まるめて、
うらにした❶にのせる

3 てるてるぼうずの
ようにティッシュを
つつみ、
つけねを
ぎゅっとすぼませる

4 さらにねじって、
みじかくきる

5 かたちを
ととのえて、
できあがり

しいたけをつくる 13

1 ブロッコリーとおなじように、
おりがみをうらにして
ティッシュをつつみ、
つけねをぎゅっとすぼませる

2 さらにねじって
のこりを
まきつける

3 いろをぬって、
できあがり

トマトをつくる ⭐14

1 おりがみを
4ぶんの1にきる

2 おりがみをうらにして、まわりのかどをきりおとす。
たいらにまるめたティッシュを、おりがみにのせる

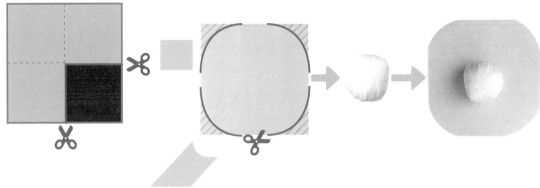

3 ティッシュを
おりがみでつつむ

4

おりがみでへたをつくり、
りょうめんテープで
つけて、**できあがり**

せんぎりキャベツをつくる ⭐15

1 おりがみをほそくきる

きりかたは、
10ページをみてね

2 くしゃくしゃにして、**できあがり**

レタスをつくる 16

1 おりがみに もようをかく

2 うらにして、 2かい はんぶんにおる

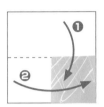

3 まるくなるようにちぎる

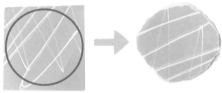

4 くしゃくしゃにする

5 かさなった おりがみを 1まいずつにして、 **できあがり**

いんげんをつくる 17

1 おりがみを4ぶんの1のふとさにきる

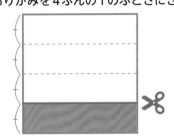

2 うらにして、りょうはしに りょうめんテープをつけて、 はしにストローをのせる

3 おりがみをクルクルとまいて、 あまったストローをきる

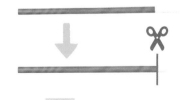

4 3〜4センチのながさに きって、**できあがり**

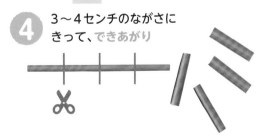

いろんなおかずをいれて、
５つのおべんとうにしよう

⭐15
せんぎりキャベツ

⭐13 しいたけ

●ごはん
ティッシュを
キッチンペーパーで
つつんでつくってね

⭐14 トマト

⭐16 レタス

⭐1 エビフライ

（ エビフライべんとう ）

●からあげ
ナゲット（67ページ）と
おなじやりかたで
つくれるよ

⭐16 レタス

⭐9 チキンライス

⭐15
せんぎりキャベツ

⭐12
ブロッコリー

⭐5 めだまやき

⭐2 ハンバーグ

（ ハンバーグべんとう ）

●ポテトサラダ
アイスクリーム（21ページ）
とおなじやりかたで
つくれるよ

★3　シュウマイ

★16　レタス

シュウマイべんとう

★6　ウインナー

★7　たこさんウインナー

★15　せんぎりキャベツ

★17　いんげん

★8　おにぎり

★14　トマト

おにぎりべんとう

★16　レタス

★4　フライドチキン

✂

●バラン

4ぶんの1にきったおりがみを、
2かいはんぶんにおり、
ギザギザにきってつくるよ

いなりずしべんとう

★10　いなりずし

★11　のりまき

59

ハンバーガーといっしょに　フライドポテトはいかが?

ファストフード

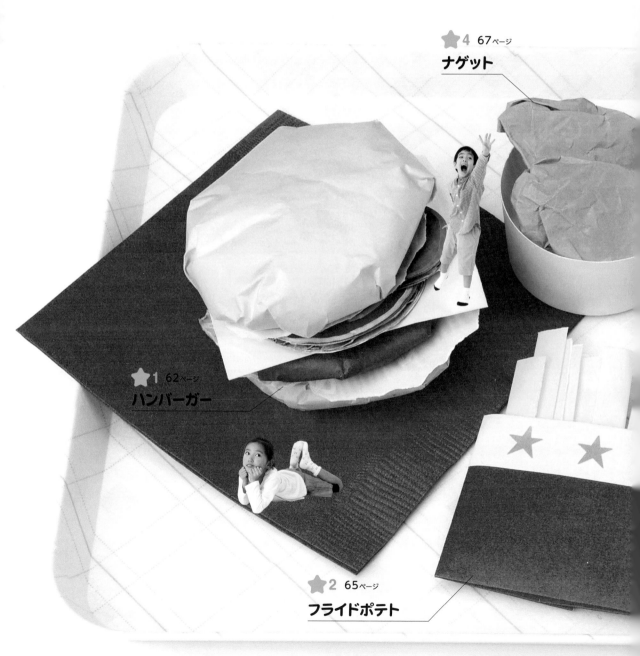

⭐4　67ページ
ナゲット

⭐1　62ページ
ハンバーガー

⭐2　65ページ
フライドポテト

●ドリンク
92ページの
クリームソーダと
おなじやりかただよ

⭐3　66ページ
ホットドッグ

●ケチャップ
ティッシュを
おりがみでつつみ、
いれものにいれて、
できあがり

パンやハンバーグを、
べつべつにつくってかさねるから、
まるでほんもののハンバーガーみたい！
ちょっとたいへんだけど、
がんばって。
サイドメニューもわすれずにね。

ハンバーガーをつくる ★1

バンズ（パン）

1 ダンボールいたを、まるくきる

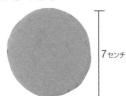

7センチ

2 キッチンペーパーを①とおなじおおきさにたいらにまるめる

3 おりがみをうらにして、まわりのかどをきりおとしたうえに、①と②をかさねてのせる

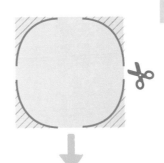

4 おりがみでつつんで、セロハンテープでとめる

5 ④を２つつくって、できあがり

トマト、ピクルス

1 おりがみ２まいとダンボールいたを、まるくきる

5センチ

2 ダンボールいたのりょうめんにおりがみをのりではる

3 もようをかいて、できあがり

●トマト

3センチ

●ピクルス
ピクルスは、ちいさめに、おなじようにつくろう

パテ（ハンバーグ）

1 ダンボールいたを、まるくきる

7センチ

2 ティッシュを**1**とおなじおおきさに、たいらにまるめる

3 おりがみをくしゃくしゃにする

4 おりがみをうらにして、まわりのかどをきりおとしたうえに、**1**と**2**をかさねてのせる

5 おりがみでつつみ、セロハンテープでとめて、**できあがり**

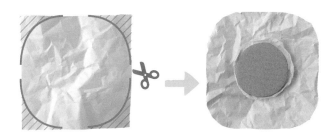

うらがえす

チーズ

おりがみをうらにして、はんぶんにおり、もういちどはんぶんにおって、**できあがり**

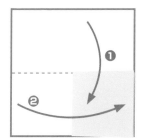

1
2

レタス

レタスは57ページをみてつくってね

ハンバーガーをしあげる

この
じゅんばんに
したから
のせていくよ

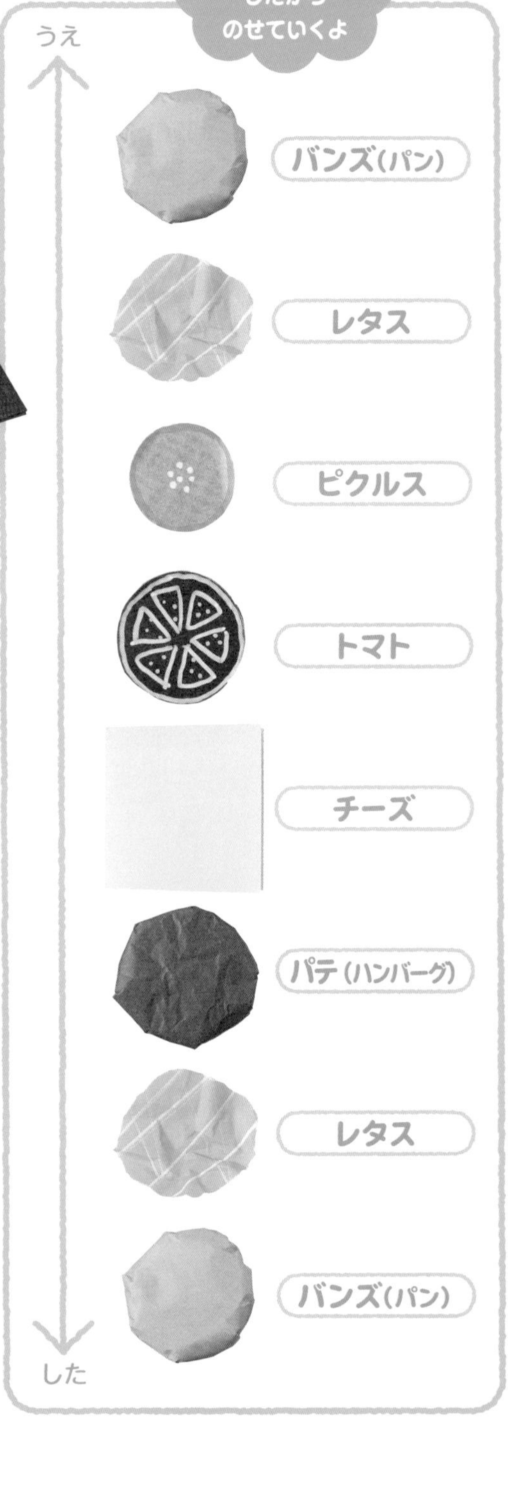

うえ

バンズ(パン)

レタス

ピクルス

トマト

チーズ

パテ(ハンバーグ)

レタス

バンズ(パン)

した

パテを
2まいつくれば
ダブル
バーガーに!

セットで
300えん
です!

フライドポテトをつくる 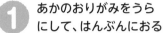 ★2

1 あかのおりがみをうら
にして、はんぶんにおる

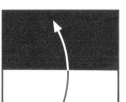

2 うえの1まいだけ、
てまえにおる

ポテト
だいすき!

3 うらがえして、みぎとひだりをおり、
はしをすこしかさねる

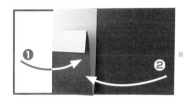

4 セロハンテープでとめ、
うえをおる

うら　　おもて

5 きいろの
おりがみを
ずのようにきる

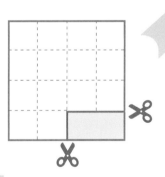

7 ⑥をたくさんつくり、④にいれる

6 うらにして、
ほそくはんぶんに
2かいおる

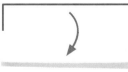

8 かざりをつけて、
できあがり

65

ホットドッグをつくる ⭐3

1 きいろのおりがみを
くしゃくしゃにする

2 わっかにして、
のりでとめる

3 ティッシュを、
はんぶんのながさにして、
ほそくたたむ

2つ
つくるよ

5 かどをさんかくに
おって、
はしをとじる

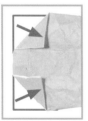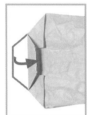

4 うえとしたにいれる

きょうの
ランチ♪

6 ティッシュをいれたところを
おって、ホットドッグのパンの
かたちにととのえる

7 オレンジのおりがみを、
2ぶんの1にきる

8 ティッシュをはんぶんのはばに
きって、ほそくまるめる。
うらにしたおりがみにのせる

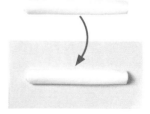

⑨ りょうがわをおる

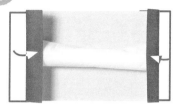

⑩ うえとしたをおってティッシュをつつみ、のりでとめる

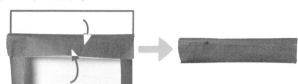

⑪ りょうはしをつまんでとじる。おりがみをきってかざりをつくり、のりではる

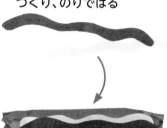

⑫ レタス（57ページ）を2まいつくり、⑥のパンにのせる

⑬ ⑪のソーセージをのせて、できあがり

ナゲットをつくる ★4

① おりがみを2ぶんの1にきる

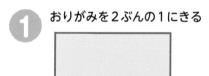

② くしゃくしゃにする

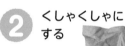

③ ティッシュをまるめて、うらにしたおりがみにのせる

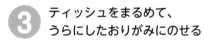

④ ティッシュをつつんで、できあがり

すきなものがいっぱい！ ゆめのレストラン

フードコート

⭐ **10 かきごおり**
82ページ

⭐2 72ページ
ラーメン

⭐1 70ページ
うどん

⭐ 7 80ページ
やきそば

⭐9 82ページ
たこやき

⭐4 76ページ
オムライス

ラーメンにスパゲッティ、カレーライス にたこやきなど、
みんながだいすきなたべものがいっぱいそろっているのが、
フードコート。さあ、きょうはなにをたべる？

★3　74ページ
カレーライス

★8　81ページ
たいやき

★6　**ピザ**
79ページ

★5　78ページ
ナポリタン

めんコーナー

⭐1 うどん   ⭐2 ラーメン

うどんをつくる ⭐1

 あぶらあげ

1 おりがみを
2ぶんの1にきる

2 くしゃくしゃにする

3 ティッシュをたたんで、
うらにしたおりがみに
のせる

4 りょうがわからおって、
ティッシュをつつむ

5 うえとしたを
おってとじる

6 かたちをととのえて、
できあがり

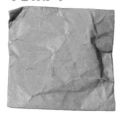

ねぎ

いんげん（57ページ）の
❸までつくり、ちいさくきる

うどんをしあげる

① おりがみを
ほそくきる

きりかたは、
10ページをみてね

あちち！

② いれものにいれる

❸ あぶらあげとねぎをかざって、
できあがり

はいいろで、
めんをほそく
つくれば、
そばになるよ

ラーメンをつくる ★2

チャーシュー

1 おりがみを
4ぶんの1にきる

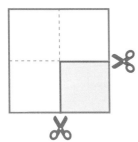

2 ティッシュをたいらにまるめ、
うらにしたおりがみにのせる

3 ティッシュをつつむ

4 もようをかいて、
できあがり

なると

1 おりがみを
ずのようにきる

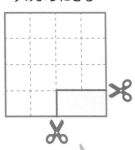

ピンクの
おりがみの、うらで
つくると、ほんもの
みたいだよ

2 うらにして、
はんぶんにおって、
うちがわをのりではる

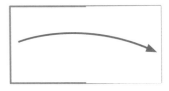

3 もようをかく

4 きりぬいて、
できあがり

ほうれんそう

① おりがみを
4ぶんの1にきる

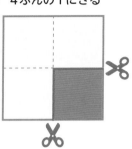

② はんぶんにおる

③ かわりばんこにおること
を、くりかえす

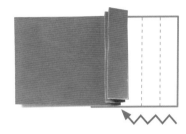

④ すこしひらいて、
かたちをととのえて、
できあがり

ラーメンをしあげる

① おりがみを
ほそくきる

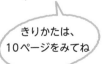

きりかたは、
10ページをみてね

② いれものに
いれる

③ チャーシュー、なると、
ほうれんそうをかざって、
できあがり

りょうめん
きいろのおりがみ
をつかうと、ほんもの
みたいだよ

73

ようしょくコーナー

★4 オムライス

★5 ナポリタン

★3 カレーライス

ピザ

カレーライスをつくる ★3

カレールー

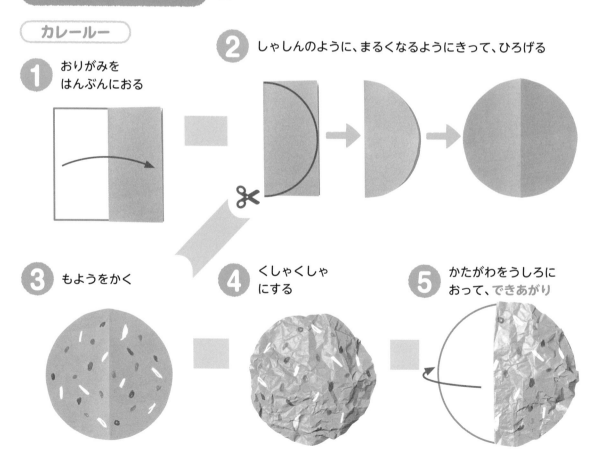

① おりがみを
はんぶんにおる

② しゃしんのように、まるくなるようにきって、ひろげる

③ もようをかく

④ くしゃくしゃ
にする

⑤ かたがわをうしろに
おって、できあがり

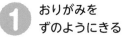
ぐ

1 おりがみを
ずのようにきる

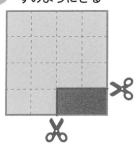

2 ティッシュをたたみ、
うらにしたおりがみに
のせる

3 うえとしたをおって、
のりでとめる

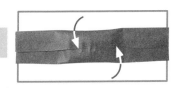

4 りょうがわをおって、
のりでとめる

5 かたちをととのえて、
できあがり

にんじん、
じゃがいも、にくの
3つのいろで
つくろう

カレーライスをしあげる

1 ぐを、りょうめんテープで
カレールーにはる

にんじん　じゃがいも

にく

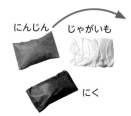

2 ティッシュを
キッチンペーパーでつつむ

あかのおりがみを
ちぎった
ふくじんづけを
そえてもいいね

3 ❶の
カレールーを
かぶせる

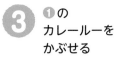

4 おさらにのせて、
できあがり

オムライスをつくる ★4

ケチャップライス

1 おりがみに
もようをかく

2 くしゃくしゃに
する

3 ティッシュをながまるに
まるめて、うらにした
おりがみにのせる

4 ②でつつんで
セロハンテープで
とめる

5 かたちをととのえて、
できあがり

たまご

1 おりがみをうらにし、
はんぶんにおる

2 しゃしんのように、まるくなるようにきって、ひろげる

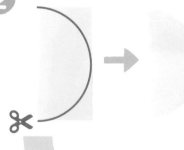

3 くしゃくしゃにして、
できあがり

オムライスをしあげる

1 ケチャップライスに
たまごをまく

2 かたちをととのえる

3 おりがみをきって、
ケチャップをつくる

4 ❷にのりではる

5 おさらにのせて、
できあがり

キャベツと
トマトは、56ページ
をみてつくろう

ぜんぶくるんでつくってみよう

たまごで
ケチャップライス
ぜんたいを
くるんだよ

ナポリタンをつくる ★5

ピーマン

1 おりがみを
2ぶんの1にきる

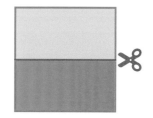

2 わっかにして、
のりでとめる

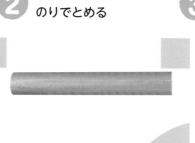

3 ほそくきる

4 わっかをうえからつぶし、かたちをととのえて、**できあがり**

ナポリタンをしあげる

1 おりがみを
ほそくきって、
まとめ、スパゲッティ
をつくる

きりかたは、
10ページをみてね

2 おさらにのせる

3 ピーマンと、
おりがみをしかくくきったハム
をかざって、**できあがり**

りょうめん
オレンジのおりがみ
をつかうと、ほんもの
みたいだよ

##

ピザきじ

1 ダンボールいたをまるくきって、
うらにしたおりがみにのせる

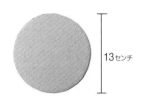

13センチ

2 おりがみでつつんで、
セロハンテープでとめて、できあがり

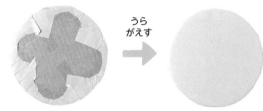

うら
がえす

トマトソースとチーズ

1 オレンジのおりがみを
うらにし、はんぶんにおり、
もういちどはんぶんにおる

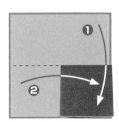

2 まるくなるように、
てでちぎって、
ひろげる

3 くしゃくしゃにして、
できあがり

●トマトソース

●チーズ
チーズは
きいろの
おりがみで
つくろう

ピザをしあげる

1 ピザきじにトマトソース、
チーズのじゅんに、のりではる

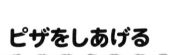

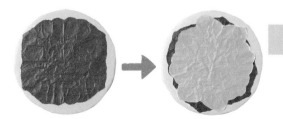

2 ピーマン（78ページ）と
おりがみをまるくきったサラミを
はって、できあがり

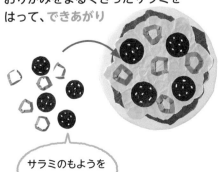

サラミのもようを
かくよ

えんにちコーナー

⭐10 **かきごおり**

⭐7 **やきそば**

たいやき

⭐9 **たこやき**

やきそばをつくる ⭐7

ぐ

① うすちゃいろのおりがみ
をくしゃくしゃにする

② はさみでちいさくきって、
できあがり

●**ぶたにく**

●**キャベツ**
くしゃくしゃにしたみどりの
おりがみを、てでちいさくちぎろう

やきそば

① おりがみをほそくきって、
くしゃくしゃにする

きりかたは、
10ページをみてね

② おさらにのせる

やきそばをしあげる

③ ぶたにく、キャベツ、
べにしょうがを
かざって、できあがり

あかのおりがみを
ほそくきれば、
べにしょうがが
できるよ

 **たいやき**をつくる ⭐8

1 おりがみを
4ぶんの1にきる

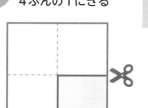

2 ティッシュをたたんで、
うらにしたおりがみに
のせる

ティッシュは
かたほうの
はしに
すこしよせる

3

うえとしたからおりがみを
まいて、のりでとめる

4 かどを
さんかくに
おって
はしをとじる

5 うらがえしてもようをかく

6 やじるしのところをギュッとつまみ、
しっぽをつくって
できあがり

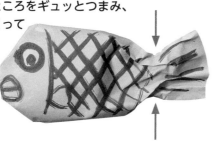

たこやきをつくる 9

たこやき

1 おりがみを
4ぶんの1にきる

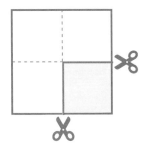

2 くしゃくしゃにする

3 まるくきり、いろをぬる

4 けいりょうスプーンに
❸をうらにしていれて、
ティッシュをつめる

5 おりがみで
ティッシュをつつむ

6 とりだしてかたちを
ととのえ、もようをかいて、
できあがり

みどりは
あおのりだよ

かきごおりをつくる 10

1 かみコップのふちからきりこみを
いれて、はんぶんにきる

2 しろのおりがみにもようをかき、
くしゃくしゃにする（いろおりがみのうらの
しろいめんをつかってもいいよ）

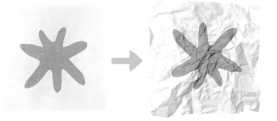

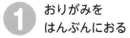

いれもの

① おりがみを
はんぶんにおる

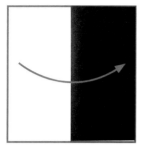

② 3つおりに
してひらく

③ おりすじに
あわせて、
きりこみを
いれる

④ きりこみの
まんなかを
おる

こことここをあわせる

たこやきをしあげる

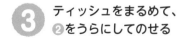

いれものに
たこやきをのせて
できあがり

⑤ きりこみのそとがわを
あわせて、
セロハンテープでとめる

はんたいがわも
おなじように
とめて、**できあがり**

③ ティッシュをまるめて、
②をうらにしてのせる

④ ティッシュを
つつんで、**①**にいれる

⑤ かたちをととのえ、
スプーンをいれて、
できあがり

おしゃれなカフェで みんなをおもてなし

カフェ

ちょっとあこがれる、すてきなカフェ。
おもてなしごっこ、してみない？
みんながすきなスイーツも、つくろう！

⭐5 92ページ
クリームソーダ

⭐4 90ページ
コーヒー

⭐2 88ページ
ホットケーキ

⭐1 86ページ
プリンパフェ

⭐3 89ページ
サンドイッチ

プリンパフェをつくる ★1

プリン

1 きいろのおりがみを
2ぶんの1にきる

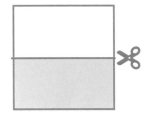

2 ちいさいかみコップに、おりがみをまいて
のりではり、はみだしたおりがみと、
コップのふちのほうをすこしきりおとす

> かみコップ
> ぜんたいに、
> きいろのおりがみが
> はれているように
> きってね

はみだした
おりがみ

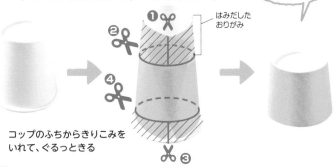

コップのふちからきりこみを
いれて、ぐるっときる

3 ちゃいろのおりがみ
を、4ぶんの1にきる

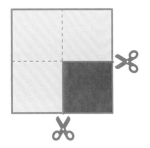

4 かみコップのそことおなじ
おおきさにきったダンボールいたを、
うらにした**3**のおりがみにのせる

5 ダンボールいたを
つつむ

6 **2**にのりではって、
できあがり

> キャラメル
> ソースが、
> おいしそう！

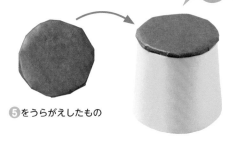

5をうらがえしたもの

プリンパフェをしあげる

1 いれものを
よういする

とうめいで、
ふかさの
あるいれものが
おすすめだよ

2 ティッシュを
つめる

3 すきなかざりを
いれる

すきないろの
おりがみをちぎり、
ちいさくまるめて
いれよう

4 ティッシュを
かぶせる

5 プリンを
のせる

6

これはクレープ
のかざり（16〜18
ページ）をつかって
いるよ

フルーツ
たっぷりの
スペシャルパフェ
ができたよ

プリンのまわりに
ほそくねじった
ティッシュをまき、
すきなトッピングで
かざれば、
できあがり

ホットケーキをつくる ⭐2

1 ダンボールいたを
まるくきる

7センチ

2 ティッシュを、❶と
おなじおおきさに
たいらにまるめる

3 きいろのおりがみをうらにして、
まわりのかどをきりおとす。
❷→❶のじゅんばんにかさねて、
おりがみのうえにのせる

5 ちゃいろのおりがみ
をまるくきり、
❹にのりではる

4 おりがみで
つつむ

6 おもてにして、
いろをぬる

> ❺をもう1まい
> つくって
> はってもいいよ

9 りょうめんテープで
❻につけて、
できあがり

7 クリームいろの
おりがみを、
4ぶんの1にきる

8 ティッシュをたたんで、
❼でつつむ

> ホットケーキを、
> 2まいかさねても
> いいね

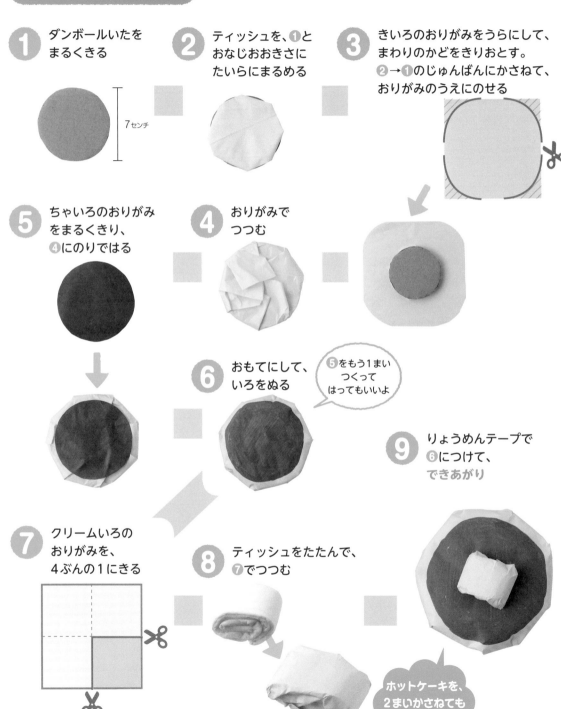

サンドイッチをつくる ★3

パン

1 しろのおりがみを
はんぶんにおり、
もういちど
はんぶんにおる

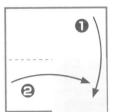

2 さんかくに
おる

3 もういちど
さんかくにおって、
できあがり

ぐ

1 ピンクのおりがみを
4ぶんの1にきる

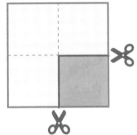

2 さんかくに
おる

3 もういちどさんかくにおって、
できあがり

●ハム

●たまご
きいろのおりがみで、
ハムとおなじように
つくろう

サンドイッチをしあげる

1 たたんである
パンをひらく

★

パンの
つくりかたの
❸の★マークを
うえにして
ひらこう

2 りょうがわから
ハムとたまごを
さしこむ

3 4ぶんの1におった
レタス（57ページ）
2まいを、しゃしんの
ようにのりで
とめる

4 パンを
たたんで、
できあがり

コーヒーをつくる ★4

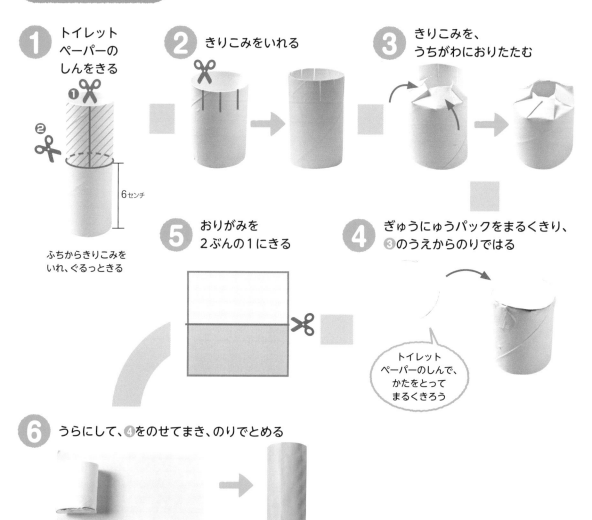

1 トイレットペーパーのしんをきる

6センチ

ふちからきりこみをいれ、ぐるっときる

2 きりこみをいれる

3 きりこみを、うちがわにおりたたむ

5 おりがみを2ぶんの1にきる

4 ぎゅうにゅうパックをまるくきり、❸のうえからのりではる

トイレットペーパーのしんで、かたをとってまるくきろう

6 うらにして、❹をのせてまき、のりでとめる

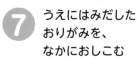

7 うえにはみだしたおりがみを、なかにおしこむ

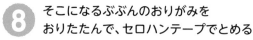

8 そこになるぶぶんのおりがみをおりたたんで、セロハンテープでとめる

うらがえす

9 べつのおりがみを
4ぶんの1にきる

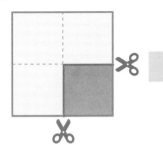

10 うらにして、
はんぶんにおる

11 ほそく、
3つおりにする

14 まるくきったダンボール
いたのりょうめんに、
おなじおおきさにきった
おりがみをのりではる

トイレット
ペーパーのしん
よりも、おおきく
つくろう

13 りょうめんテープで
8につける

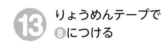

12 わっかにして、
セロハンテープで
とめる

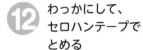

カップにもようを
かいたり、もよういりの
おりがみでつくると、
かわいいね

15 もようをかく

16 **13**をのせて、
できあがり

クリームソーダをつくる ⭐5

① とうめいのカップに、みどり
のおりがみをいれる

② おりがみのなかに
ティッシュをつめる

③ おりがみでふたを
するように、
ティッシュをつつむ

しあわせ～❤

④ あかのおりがみを、4ぶんの1にきって
まるめ、さくらんぼをつくる

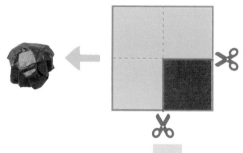

⑤ クリームいろのおりがみを、4ぶんの1に
きって、アイスクリーム（21ページ）をつくる

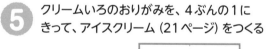

⑥ ③に④のさくらんぼと
⑤のアイスクリームを
かざって、
できあがり

おりがみの
いろをかえると、
いろんなジュースが
つくれるよ

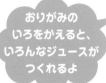

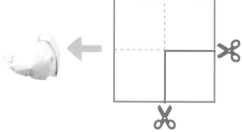

3

みんなのなりたい

おみせやさん

ごっこ

おまたせ
しました！

にんきのおもちゃが　だいしゅうごう！

おもちゃやさん

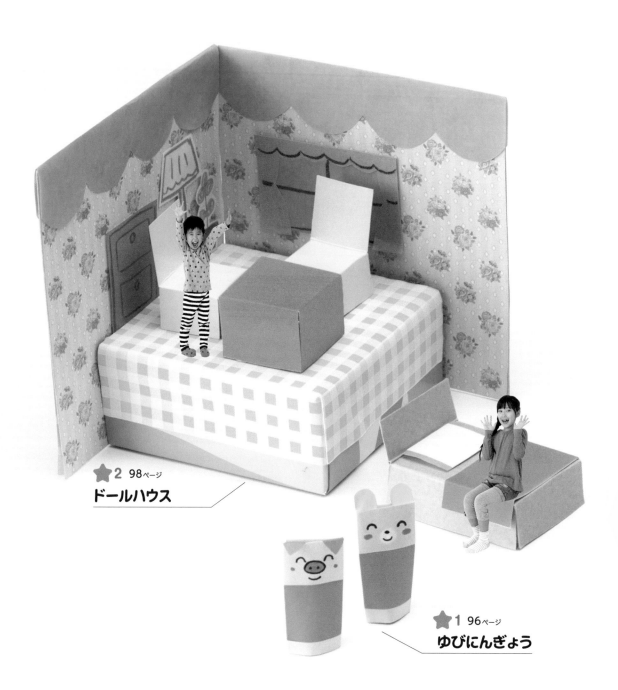

⭐2 98ページ
ドールハウス

⭐1 96ページ
ゆびにんぎょう

ゆびにはめてあそべる、
どうぶつのにんぎょうだよ。
ドールハウスをおうちにしたり、
のりものにのせたりできるよ！

★4　102ページ

★5　103ページ

のりもの

★3　100ページ

ゆびにんぎょうをつくる ★1

1 おりがみを
2ぶんの1にきる

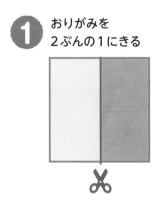

2 まんなかにあわせて、うえをおり、
さらにまくようにおる

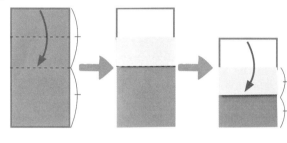

**①のはんぶんの
おおきさになる
ようにおる**

3 **②**でおったぶぶんの
はんぶんを、むこうがわにおる

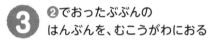

4 したをすこし
だけうえに
むけておる

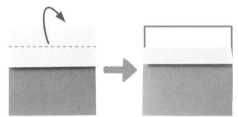

5 うらがえして、
おったぶぶんに
きりこみをいれる

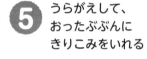

3とうぶんしたところを、
したからきる

6 まんなかを
うえにあげる

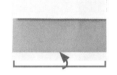

7 りょうがわを
まんなかにむけて、
3つおりにする

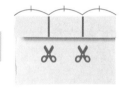

ペンギンをつくるときは

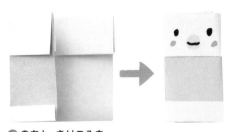

④のあと、きりこみを
いれないで、**7**から**8**へ

うらがえして、
かおをかけば
できあがり

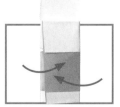

8 いちどひろげて、かたほうのはしを、もうかたほうのはしにさしこむ

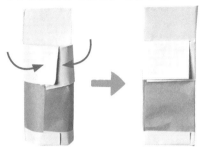

9 うらがえして、みみのかたちにきる

みみのぶぶんは、かみが3まいかさなってるよ

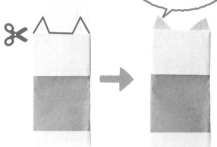

10 みみを1まいまえにたおし、のこった2まいは、うしろにたおして、なかにいれる

11 かおをかいて、できあがり

うさぎ、かえる、くまは、**9**でみみをきったあと、かおをかいてできあがり

かえる　ペンギン

ぶた

いぬ

いぬは**9**でみみのかたちをかえるだけ！

うさぎ

くま

おはなしがつくれるね

ドールハウスをつくる ⭐2

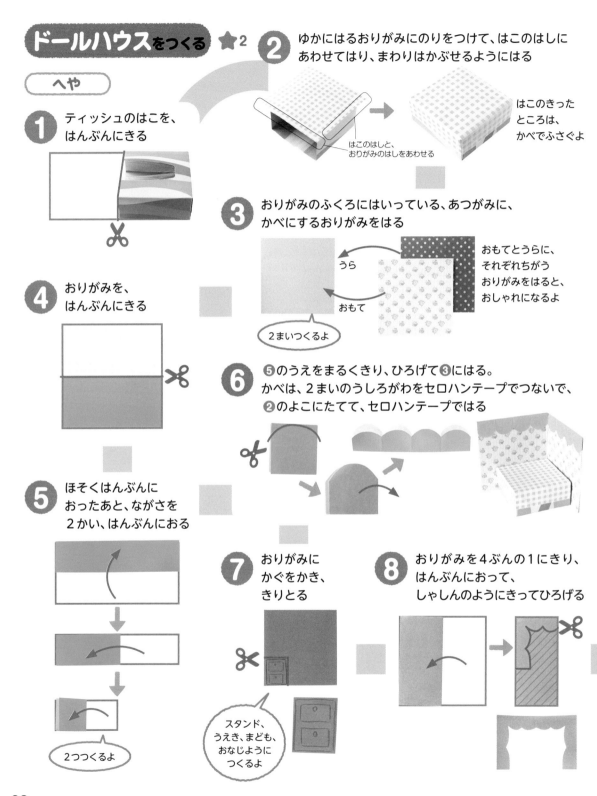

へや

① ティッシュのはこを、はんぶんにきる

② ゆかにはるおりがみにのりをつけて、はこのはしにあわせてはり、まわりはかぶせるようにはる

はこのはしと、おりがみのはしをあわせる

はこのきったところは、かべでふさぐよ

③ おりがみのふくろにはいっている、あつがみに、かべにするおりがみをはる

うら

おもて

2まいつくるよ

おもてとうらに、それぞれちがうおりがみをはると、おしゃれになるよ

④ おりがみを、はんぶんにきる

⑤ ほそくはんぶんにおったあと、ながさを2かい、はんぶんにおる

2つくるよ

⑥ ⑤のうえをまるくきり、ひろげて③にはる。かべは、2まいのうしろがわをセロハンテープでつないで、②のよこにたてて、セロハンテープではる

⑦ おりがみにかぐをかき、きりとる

スタンド、うえき、まども、おなじようにつくるよ

⑧ おりがみを4ぶんの1にきり、はんぶんにおって、しゃしんのようにきってひろげる

いす・テーブル・ベッド

① しゃしんのように、あつがみをきる。こうさくようしだと、めもりがあって、きりやすい

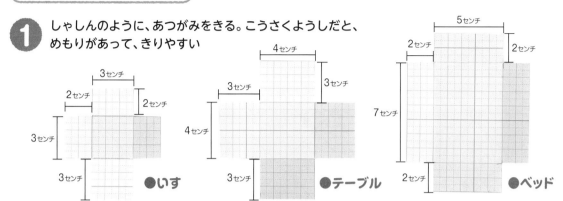

●いす ●テーブル ●ベッド

② ①に、のりでおりがみをはる

●いす　●テーブル

●ベッド

あつがみにのりをつけて、おりがみをはってから、よぶんなおりがみをはさみできるといいよ

③ とびでたところをおり、うらをセロハンテープでとめて、できあがり

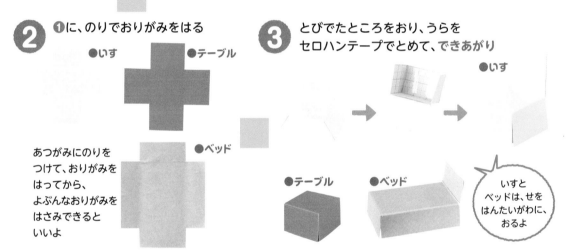

●いす

●テーブル　●ベッド

いすとベッドは、せをはんたいがわに、おるよ

⑨ ⑥に、⑦や⑧をはりつければ、できあがり

へやにかぐをいれてみよう

かぐをいれかえたり、ゆびにんぎょう（96ページ）をつかったりして、あそぼう

のりものをつくる

くるま ★3

1
ほそいストローは
7〜8センチ、
ふといストローは
4センチにきったものを、
2ほんずつつくる。
ペットボトルの
キャップは、
おなじものを
4つよういする

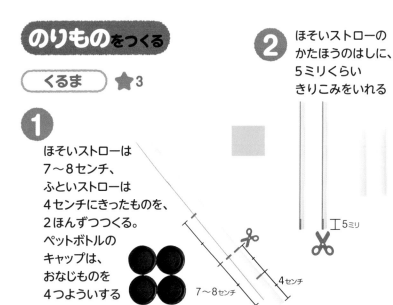

7〜8センチ
4センチ

2 ほそいストローの
かたほうのはしに、
5ミリくらい
きりこみをいれる

5ミリ

3 **2**のきりこみをひらき、
ふといストローを
とおしたあと、
はんたいがわも
きって、ひらく

2ほんつくるよ

4 キャップに、りょうめん
テープをしっかりはり、
3をはりつけ、さらに
うえから セロハン
テープでとめる

りょうめんテープ

セロハン
テープ

2つつくるよ

6 しんをおりがみでまき、
おりがみのりょうはしを、
しんのなかにいれこむ

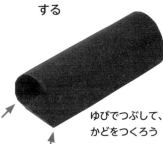

まきおわり

5 おりがみをうらにして、
トイレットペーパーの
しんをのせる

7 おりがみのまきおわりを
したに、たいらにして、
かまぼこのかたちに
する

ゆびでつぶして、
かどをつくろう

8 まんなかより、すこし
ずらしたところに、
きりこみをいれる

きりこみ

ちゅうい！
**カッターで
きるときは、おとな
のひとに、やって
もらおう**

9 きったところを、
へこませる

こっちが
まえになる

⑩ ティッシュをまるめて うらにしたおりがみで つつむ

⑪ おりがみを、 4ぶんの1にきる

⑫ うらにのりをつけ、 はんぶんにおる

⑭ ⑨に、⑩をはめこみ、 ⑬をセロハンテープでとめる

⑬はしんのうちがわに、 セロハンテープで とめると、きれいに できるよ

⑬ しゃしんのように、きる

⑮ かざりをつける

すうじは、 おりがみをきる

ライトはまるシール

⑯ くるまのしたに④をセロハンテープで つければ、できあがり

たて、よこに、 しっかりセロハン テープをはって、 しっかり つけよう

ゆびにんぎょう （96ページ）を のせられるよ

まるシール

101

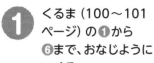 **ひこうき** ★4

① くるま（100～101ページ）の①から⑥まで、おなじようにつくる

② くるまの⑧から⑩、⑭とおなじように、きりこみをいれて、まえをふさぐ

③ タイヤをセロハンテープでつける

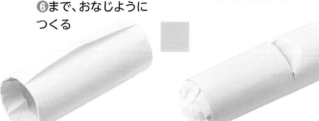

プロペラがかっこいい！

④ あつがみを、つばさ、びよく、プロペラのかたちにきる

つばさは、びよくより1センチくらい、ながくきる

3～4センチ　**びよく**　3センチ

3センチ　**つばさ**　**つばさ**　5センチ

プロペラ　8センチ

⑦ かざりをつけて、できあがり

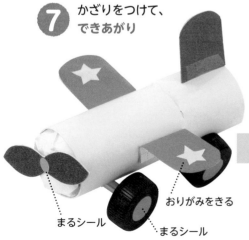

まるシール
おりがみをきる
まるシール

⑥ ③に、⑤をセロハンテープではる

つばさは、すこしおると、はりやすい

⑤ おりがみをのりではる

あつがみにのりをつけて、おりがみをはってから、よぶんなおりがみを、はさみできるといいよ

 **バス** ★5

1 ハミガキこなどのはこを、ふたをのこして11センチのながさできって、ふたをしめる

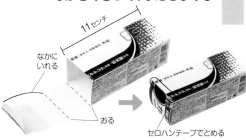

なかにいれる

11センチ

おる

セロハンテープでとめる

2 はこの、ぜんぶのめんのふちに、りょうめんテープをはり、おりがみのはしにそろえておく

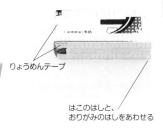

りょうめんテープ

はこのはしと、おりがみのはしをあわせる

3 おりがみではこをつつむ

このめんは、おりがみをきって、はる

5 4ぶんの1のふとさにきったおりがみを、はんぶんにおる

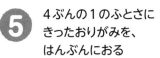

4 はこのおおきさにあわせたおりがみを、のりではる

はこのもようをかくすよ

6 ⑤を、はこのながさにあわせてきる

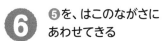

これを2まいつくるよ

8 くるま（100〜101ページ）とおなじようにタイヤをつけて、かざりをつけて、できあがり

りょうほうのポケットに、ゆびにんぎょう（96ページ）がのれるよ

まるシール

7 しゃしんのように、はこに⑥をセロハンテープではる

うえはポケットみたいにひらく

セロハンテープ

103

と〜ってもちいさいけど　ほんものそっくり！

ぶんぼうぐやさん

おりがみだけでつくる、カラフルでたのしい、
ミニミニサイズのノートやクレヨンだよ。
こんなにかわいいぶんぼうぐなら、
おべんきょうしたくなっちゃう？

⭐4
ノート
108ページ

⭐3
けしゴム
107ページ

はこのつくりかたは
106ページ

⭐1
クレヨン
106ページ

⭐2
えんぴつ
107ページ

クレヨンをつくる ★1

1 おりがみを、4ぶんの1のふとさにきる

2 ほそいストローにまきつけて、のりでとめる

3 ストローをぬいて、かたほうのさきをすこしひっぱりあげる

クレヨンのさきになるよ

4 おりがみを16ぶんの1にきって、❸にまき、のりでとめて、できあがり

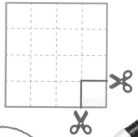

したにもいろがみえると、クレヨンらしくなるよ

クレヨンのはこをつくろう

1 4ぶんの1にきったおりがみを、たて、よこに、2かいずつおって、おりせんをつける

2 うえとしたを、おりせんのあいだで、3とうぶんして、まくように2かいおる

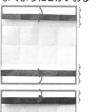

3 みぎとひだりも、❷とおなじようにおる

4 おりがみをひらき、❷と❸でつけたおりせんの2つめまでを、しゃしんのようにきる

5 うえとしたを、1つめのおりせんでおる

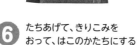

6 たちあげて、きりこみをおって、はこのかたちにする

7 みぎとひだりのかみで、❻の○をくるむようにおって、できあがり

えんぴつをつくる ★2

1 みどりのおりがみと、クリームいろのおりがみで、106ページのクレヨンをつくる

> クリームいろが
> みえないように、
> みどりのおりがみを
> したまでまいてね

2 くろのおりがみをほそながくおる

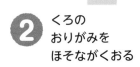

3 ❶のうえからさしこんで、できあがり

けしゴムをつくる ★3

2 4かいはんぶんにおってから、たかさをはんぶんにおる

1 しろのおりがみを4ぶんの1のふとさにきる

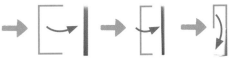

3 べつのおりがみをずのようにきる

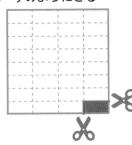

4 うらにして、うえをすこしおる

5 ❷にまいて、セロハンテープでとめて、できあがり

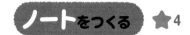

ノートをつくる ★4

① おりがみを、
2ぶんの1にきる

② 2かいはんぶんにおってから、
たかさをはんぶんにおる

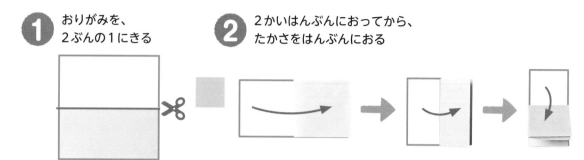

③ **②**のはじめまでもどるよう、おりがみをひらく。
おりせんにそって、しゃしんのようにきりこみをいれたあと、おりがみをひらく

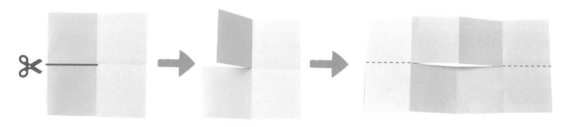

④ ほそながくはんぶんにおりながら、
きりこみぶぶんをひらき、ノートのかたちにおりたたむ

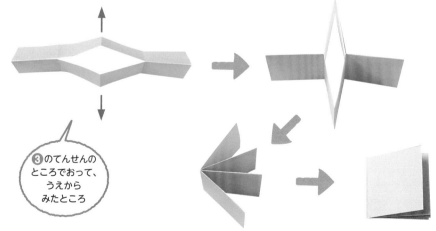

③のてんせんの
ところでおって、
うえから
みたところ

⑤ おりがみをずのようにちいさくきって、
ノートのとじたほうをはさむようにして、のりではる

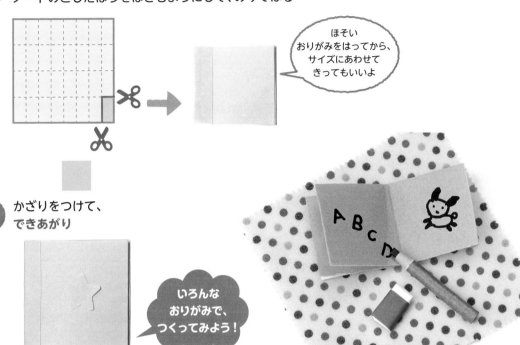

ほそい
おりがみをはってから、
サイズにあわせて
きってもいいよ

⑥ かざりをつけて、
できあがり

いろんな
おりがみで、
つくってみよう！

おおきなノートをつくろう

おりがみの、3ぶんの1の
ふとさをきりはなす

ノートの①〜⑥のとおりにつくると、
おおきなノートができるよ

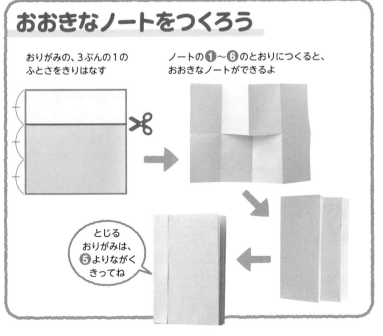

とじる
おりがみは、
⑤よりながく
きってね

どっちも
ほしい！

109

みんなをおしゃれに　へんしんさせちゃおう!

アクセサリーやさん

かわいいアクセサリーをたくさんつくろう。

ぜんぶ、ほんとにつけられるアクセサリーだよ。

おきゃくさんに、

すきなのをえらんでもらってね。

ネックレス

⭐5
116ページ

⭐8
117ページ

⭐7
116ページ

★4
115ページ

★3
114ページ

★6
117ページ

★2
113ページ

★1
112ページ

ブレスレット

ゆびわ

ゆびわをつくる

はばのせまいゆびわ ★1

1 おりがみを、
ずのようにきる

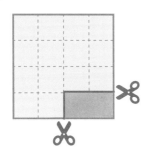

2 ほそながく
はんぶんにおる

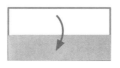

3 うえとしたをまんなかに
むけておってから、
まんなかでおる

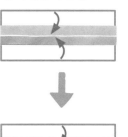

4 わっかにして
セロハンテープで
とめる

5 おりがみを
16ぶんの1にきる

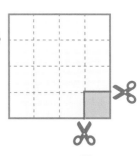

ゆびわ
いっぱいで
うれしい♥

6 まるめて、❹に
りょうめんテープで
とめて、できあがり

シールや
きったおりがみ、
いろんなかざりを
つけてみよう

112

はばのひろいゆびわ 2

1 おりがみを、
ずのようにきる

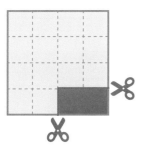

2 ほそながく
はんぶんにおる

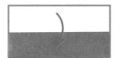

3 さらに、
はんぶんにおる

4 わっかにして
セロハンテープでとめる

はばのひろい
ゆびわなら、
おおきなかざりも
つけられる！

 2

 1

5 かざりをつくり、
のりでとめて、できあがり

パンチ
（10ページ）
でつくるのが
おすすめ！

113

ブレスレットをつくる

ブレスレットのだい

1 おりがみを、
4ぶんの1のふとさにきる

2 うらにして、
ほそながく3つおりにする

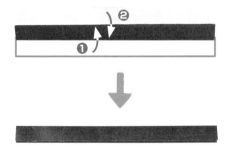

3 はしをおって、わゴムをひっかけ、
セロハンテープでとめる

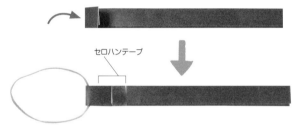

セロハンテープ

4 はんたいがわも、
❸とおなじように、
わゴムをひっかけてとめて、
できあがり

ハートのブレスレット ★3

きったおりがみを、
ブレスレットのだいに、のりではって、
できあがり

パンチ（10ページ）を
つかうと、かんたん！

カジュアルな
ブレスレットが
できたよ

はなのブレスレット 4

1 おりがみを、4ぶんの
1のふとさにきる

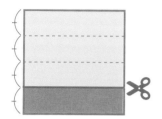

2 おもてをうちがわに
してわっかにして、
のりでとめる

3 したをしぼって
セロハンテープで
とめ、うえをひらく

4 おりがみを、
16ぶんの1にきる

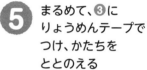

5 まるめて、❸に
りょうめんテープで
つけ、かたちを
ととのえる

6

ブレスレットのだいに
セロハンテープでとめて、
できあがり

おおきなはなが
ロマンチック！

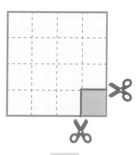 4

 3

ネックレスをつくる

ながいビーズ

1 おりがみを、
4ぶんの1にきる

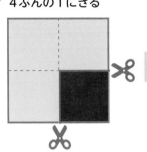

2 うらの、うえとしたにりょうめんテープをつけ、
かたほうにストローをのせて、おりがみをまきつける

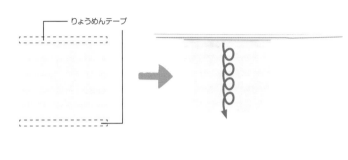

りょうめんテープ

3 はみだしたストローをきる

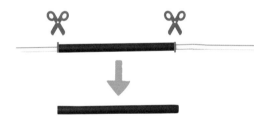

4 すきなながさにきって、
できあがり

たくさんビーズを
つくるときは、
1でおりがみを
2ぶんの1に
ほそながく
きるといいよ

まるいビーズ

おりがみを4ぶんの1にきって、まるめて、できあがり

ネックレスをしあげる

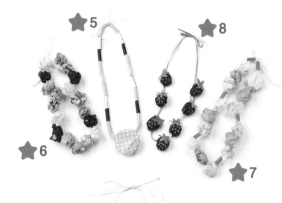

★5　★8　★6　★7

じゅんび

はりといとをつくる
たけぐしに、たこいとを
セロハンテープでとめる

セロハンテープ

ながビーズネックレス　★5

ながいビーズのあなにはりと
いとをとおし、いとをむすんで、
できあがり

> うえのしゃしんの
> ★5みたいに、
> かざりをつけても
> すてき!

まるビーズネックレス　★6

まるいビーズにはりをさして、
いとをとおすことを
くりかえし、いとをむすんで、
できあがり

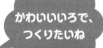

> かわいいいろで、
> つくりたいね

> ★8
> のネックレスは、
> 16ページのいちごを
> ほそいリボンに
> りょうめんテープで
> はってね

ながいビーズと
まるいビーズを
くみあわせても
いいね!

★7
カラフルビーズネックレス

117

ちょっと おとなになったきぶん♪

うでどけいやさん

★1

ペットボトルのキャップを、
おりがみでつつめば、
カラフルになるよ!

うでどけいは、
あこがれのアイテムだよね。
すてきなオリジナルうでどけいをつくって、
おともだちに、じまんしちゃおう。

うでどけい **をつくる** ⭐1

① トイレットペーパーの
しんのふちからきりこみ
をいれ、
ぐるっときる

2センチ

①

② おりがみを
2ぶんの1にきる

③ ①のしんを、うらにした
おりがみのまんなかに
のりではる。
しんをつつむように
おって、のりでとめる

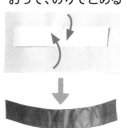

④ りょうはしのしんが
ないところを、おる

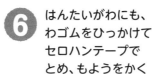

⑤ わゴムをひっかけて、
セロハンテープで
とめる

セロハンテープ

⑥ はんたいがわにも、
わゴムをひっかけて
セロハンテープで
とめ、もようをかく

⑦ ペットボトルの
キャップと
おなじおおきさに
ダンボールいたをきる

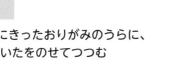

⑧ 4ぶんの1にきったおりがみのうらに、
ダンボールいたをのせてつつむ

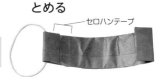

⑨ おもてにもようをかいて、キャップのあなの
あいてないほうに、りょうめんテープではる

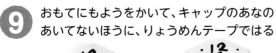

⑩ ⑨を⑥に、セロハンテープで
しっかりはって、できあがり

セロハン
テープ

119

きれいなはなにかこまれたら　しあわせ〜
おはなやさん

⭐4
マーガレット
126ページ

⭐2
チューリップ
123ページ

⭐1
カーネーション
122ページ

⭐3
ガーベラ
124ページ

4しゅるいのはなが、
つくれるよ。カラフルな
はなたばにしてみよう。

くきをつくる

カーネーション、チューリップ、ガーベラのくき

1 おりがみを
4ぶんの1の
ふとさにきる

2 うらに、りょうめんテープをはる

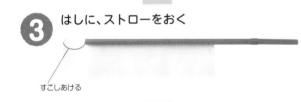

3 はしに、ストローをおく

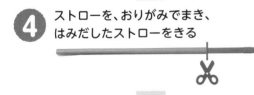

すこしあける

4 ストローを、おりがみでまき、
はみだしたストローをきる

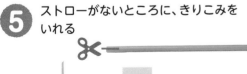

5 ストローがないところに、きりこみを
いれる

6 きりこみを、
ひらいたら、できあがり

マーガレットのくき

1 おりがみを
4ぶんの1の
ふとさにきる

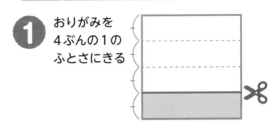

2 うらに、りょうめんテープをはる

3 はしに、ストローをおく

4 ストローを、おりがみでまき、
はみだしたストローをきったら、
できあがり

カーネーションをつくる ★1

1 おりがみを
4ぶんの1にきる

2 うらにして、2かいはんぶんにおる

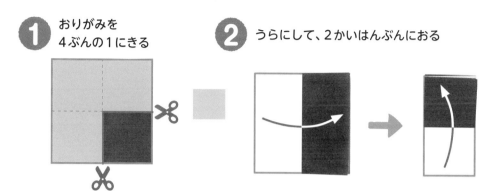

3 ピンキングばさみで、しゃしんのようにまるくなるようにきる。
これを2まいつくる

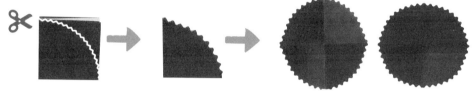

4 2まいのうら（しろい
めん）をあわせる

5 ちゅうしんをしぼって
セロハンテープでとめ、うえのほうをひらく

まんなかだけ
のりでとめる

セロハン
テープをほそく
とがらせると、
くきにさしやすく
なるよ

6 くきにさして、のりでとめ、
かたちをととのえて、
できあがり

くきの
つくりかたは、
121ページを
みてね

ははのひに
ぴったりだね

チューリップをつくる ⭐2

1 おりがみを
2ぶんの1にきる

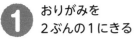

2 うらにして、
はんぶんにおる

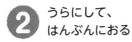

3 しゃしんのように
3つおりにする

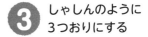

4 うえをまるくきって、ひろげる

5 わっかにして、
のりでとめる

6 したをしぼって、
セロハンテープで
とめる

7 くきにさしてのりでとめ、
かたちをととのえて、
できあがり

あか、しろ
きいろも、
つくろう

くきの
つくりかたは、
121ページを
みてね

ガーベラをつくる ★3

1 おりがみをうらにして、はんぶんにおる

2 もういちどはんぶんにおる

3 さんかくにおる

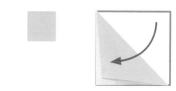

4 しゃしんのようにきって、ひろげる

5

おもてがうちがわになるように、ちゅうしんをしぼってセロハンテープでとめ、ひらいてかたちをととのえる

6 まるくきったおりがみに、ペットボトルの
キャップをのせて、かたをとる

7 おりがみからキャップを
はずし、まるくたたむ

8 ❺のはなに、
りょうめんテープでつける

9 はなをくきにさして
セロハンテープではり、
できあがり

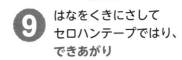

おかいあげ
ありがとう
ございます！

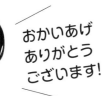

おおきな
ガーベラだよ

くきの
つくりかたは、
121ページを
みてね

125

マーガレットをつくる ★4

1 おりがみを
2ぶんの1にきる

2 ほそくはんぶんにおり、
よこに、はんぶんにおる

3 こまかいきりこみをいれて、おりがみをひろげる

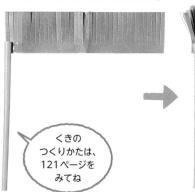

4 くきにまきつけてセロハンテープでとめ、
ひらいてかたちをととのえる

セロハンテープ

くきの
つくりかたは、
121ページを
みてね

5 おりがみを
16ぶんの1にきる

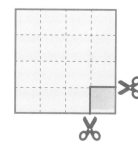

6 まるめて、**4**に
りょうめんテープで
つけて、できあがり

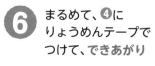

はなのだいをつくってかざろう

かみコップのそこに、
ボールペンなどで
あなをあけて、できあがり

はなのかずで、
あなのおおきさを、
かえよう

はなたばをつくろう

1 2まいのおりがみを、うらがえして
のりでつなげる

うら
がえして
はる

2 つくったはなを、すきなかたちに
まとめて、くきをワゴムでとめ、
1にのせる

3 おりがみでくるみ、
セロハンテープでとめる

4 リボンをむすんで、
できあがり

おすきなはなで
はなたばを
つくりますよ

いしかわ☆まりこ

千葉県生まれの造形作家。おもちゃメーカーにて開発・デザインを担当後、映像制作会社で幼児向けビデオの制作や、NHK「つくってあそぼ」の造形スタッフを務める。現在はEテレ「ノージーのひらめき工房」の監修（工作アイデア＆工作制作）を担当中。工作、おりがみ、立体イラスト、人形など、子どもや親子、女性向けの作品を中心に、子ども心を大切にした作品をジャンルを問わず発表している。親子向けや指導者向けのワークショップも開催中。著書に『親子で遊べる！ カンタン＆かわいい女の子のおりがみ』（ナツメ社）、『サンリオキャラクターズと女のこおりがみ』（小学館）、『5回で折れる かざれる！ あそべる！ おりがみ』（汐文社）など多数。

※本書は『新版おりがみでごっこあそび』（2018年刊）を再編集したものです。

STAFF

装丁・本文デザイン／今井悦子（MET）
撮影／松木 潤、佐山裕子、柴田和宣、鈴木江実子（主婦の友社）
スタイリング／伊藤みき（tricko）
校正／田杭雅子
モデル／北川 光　小宮桜子、さゆり　松尾紗良、美良、奏良
まとめ／山田 桂
撮影協力／鈴木志保　もぐらぽけっと
編集担当／松本可絵（主婦の友社）

新装版 おりがみでごっこあそび

2024年 2月29日　第1刷発行
2024年 8月31日　第2刷発行

著　者　いしかわ☆まりこ
発行者　大宮敏靖
発行所　株式会社主婦の友社
　　　　〒141-0021　東京都品川区上大崎 3-1-1 目黒セントラルスクエア
　　　　電話 03-5280-7537（内容・不良品等のお問い合わせ）
　　　　　　　049-259-1236（販売）
印刷所　大日本印刷株式会社

©Mariko Ishikawa 2024 Printed in Japan　ISBN978-4-07-456763-8

■本のご注文は、お近くの書店または主婦の友社コールセンター（電話0120-916-892）まで。
＊お問い合わせ受付時間　月～金（祝日を除く）　10:00～16:00
＊個人のお客さまからのよくある質問のご案内　https://shufunotomo.co.jp/faq/